入門 科学技術と社会

標葉隆馬・見上公一 編

科学者の社会的責任 Social Responsibility of Scientist

人工物の政治性 Politics of Artifacts

アクターネットワーク理論 Actor-Network Theory

状況に置かれた知 Situated Knowledge: A Feminist Critique of Science

期待と想像の行為遂行性 Expectations and Imaginaries

無知学／アグノトロジー Agnotology

科学コミュニケーション Science Communication

専門家の助言 Scientific Advice

デュアルユース Dual-use

ELSI / RRI ELSI / RRI

テクノロジーアセスメントとリスク Technology Assessment and Risk

市民科学とオープンサイエンス Citizen Science and Open Science

マルチスピーシーズ民族誌 Multispecies Ethnography

人工知能とビッグデータ AI and Big Data

自律型システム Autonomous Systems

量子技術 Quantum Technology

宇宙開発 Space Exploration

細胞工学 Cell/Tissue Engineering

合成生物学 Synthetic Biology

脳神経科学 Neuroscience and Neuroethics

気候工学 Geoengineering

災禍 Disaster and Society

ナカニシヤ出版

はじめに

科学技術の急速な発展は、現代社会に生きる多くの人にさまざまな形で恩恵をもたらし、生活を営むうえでなくてはならないものになっている。先端的な知識なしには立ち行かない、あるいはそのような知識のもたらすベネフィット（便益）を最大化することを目指した社会のあり方を指して、「知識基盤社会（Knowledge Based Society）」という言葉が使われるようになってすでに久しい。

同時にそのような先端的な知識や科学技術が図らずももたらす課題も顕わになり、注目を集めるようになった。安全に関わる科学的な根拠と不確実性に関わる課題、現行法制度との関係性、個人情報やプライバシー保護の問題、データやサンプルの提供をめぐる同意の課題をはじめとして、デュアルユースをめぐる議論、遺伝子検査サービスの消費者直結型サービス（Direct to Consumer：ＤＴＣ）が持つ課題、責任や補償ならびにより良い規制や政策のあり方などを含めたガバナンスなど、その射程は多岐にわたる。さらには、その新しい科学技術は「誰に」対して「どのような」ベネフィットをもたらすのか、それが特定の層に差別や不公正をもたらす、あるいはリスクの不均衡な配分につながるようなことはないかといった観点からの考察も重要となっている。

このような課題群は、総じて「倫理的・法的・社会的課題（Ethical, Legal, and Social Issues/Implications：ＥＬＳＩ）」と呼ばれる。この「ＥＬＳＩ」という言葉は、ヒトゲノム計画を契機として使われるようになったが、それに含まれる多くの課題は、それ以前からさまざまな形で議論あるいは検討がなされてきたものである。ヒトゲノム計画が終了して二十年以上が経過した現在では、この「ＥＬＳＩ」という言葉ですらすでに古典的な響きを帯びつつあるのが世界的な状況である。

近年、このような議論は、「責任ある研究・イノベーション（Responsible Research and Innovation：ＲＲＩ）」という枠組みとして参照されることが多くなっている。ＲＲＩでは、研究開発早期からのＥＬＳＩへの対応を前提としつつも、「知識がどのような影響を持つのか」にとどまらないより広い視点、すなわち、「どのような知識生産のあり方がより望ましいのか」、成果を社会へと組み込むガバナンスのあり方として、新しい知がもたらすベネフィットを最大化し、そのリスクを最小化するためにはどうあるべきなのかという、イノベーション・エコシステム全体を考える視点へと発展している。このようなＥＬＳＩをめぐる議論からＲＲＩへと展開されていった科学技術ガバナンスの議論は、リスク・ガバナンスからイノベーション・ガバナンスへの視点の変容としても捉えることができる（標葉 2020）。

日本国内の科学技術政策に目を向けてみても、このような科学技術と社会の接点への関心は高まりつつある。たとえば五年ごとに科学技術政策の中期計画として提示される「科学技術基本計画」をみても、二〇〇六年の『第三期科学技術基本計画』以降、ＥＬＳＩへの言及とその重要性が繰り返し強調されてきた。加えて、二〇一一年の『第四期科学技術基本計画』では、東日本大震災の影響も受け、リスクコミュニケーションへの関心が色濃く打ち出されている。また、二〇一六年の『第五期科学技術基本計画』でも、再生医療や人工知能（ＡＩ）などの先端領域の重要性に言及しながら、やはりＥＬＳＩが強調された記述となっている。この時期になると、『統合イノベーション戦略』、あるいは『ＡＩ戦略』や『バイオ戦略』などの分野別の政策文書においてもＥＬＳＩ対応の重要性に関する言及が繰り返しなされている。このような国家イノベーション戦略におけるＥＬＳＩへの言及とその対応の強調は、二〇二一年に科学技術基本法が改訂され施行された科学技術・イノベーション基本法と、それに従って策定された『第六期科学技術・イノベーション計画』のなかでも前提となっている[1]（標葉 2020, 2022）。

本書は、このような社会的背景を踏まえながら、科学技術社会論と呼ばれる学際研究領域の提示する重要な視点、あるいは科学技術をめぐるＥＬＳＩに関する重要な視点や論点を総覧するための入門書を目指したものである。特にまだ各分野の専門的な知識を習得する前の大学一年生や二年生でも手軽に手に取ることができるガイドブックとなることを意識した。

本書は、「理論編」、「テーマ編」、「事例編」の三部構成となっており、全体で二十二章から構成されている。各章は、扱う内容に関連した分野で活躍する若手の研究者によって執筆されている。

Part 1の「理論編」では、科学技術社会論における重要な概念、あるいは近年注目を集める視点を紹介する。紙幅の都合もあり、紹介できる概念や視点は限られているものの、興味を持った読者は、本書を契機として、より詳細なテキストや学術文献を読むことにチャレンジしてみてほしい。Part 1で取り上げるのは、「科学者の社会的責任」、「人工物の政治性」、「アクターネットワーク理論」、「状況に置かれた知」、「期待の社会学」、「無知学」などであり、いずれも現代の科学技術社会論を理解するうえで重要な視点となっている。

Part 2の「テーマ編」では、科学技術社会論あるいは現代の科学技術をめぐる社会的側面を考察するうえで避けては通れないテーマを概観していく。ここで扱うのは、「科学コミュニケーション」や「専門家の助言」、「デュアルユース」、「ELSI／RRI」、「テクノロジーアセスメント」、「市民科学」、「マルチスピーシーズ民族誌」などであり、現在科学技術と社会の関係を考えるうえで大きな関心事となっているテーマ群を網羅している。このPart 2は、より理論的な枠組みとしての意味合いの強いPart 1と、Part 3で紹介する具体的な事例に関する議論を架橋する役割も果たしている。

そして、Part 3の「事例編」では、近年注目を浴びている科学技術の個別具体的なテーマについて、科学技術社会論や関連分野での議論の一端を紹介していく。取り上げる事例は、「人工知能（AI）」、自動運転を中心とした「自律型システム」、「量子技術」、「宇宙開発」、「細胞工学」、「合成生物学」、「脳神経科学」、「気候工学」、「災禍」である。紙幅の関係もあり、各事例のテーマを語りつくすことはもちろんできないし、これですべての重要な事例を網羅できたわけでもない。しかしながら、ここで紹介される視点や文献からスタートすることで、これらの事例、さらにはそれ以外の事例に関しても、科学技術社会論の議論やELSIの検討にアプローチしやすくなるはずである。

本書は順番に読み進めてもらうことを想定していない。気になった章から読み始め、一歩踏み出すイメージで関連する章へと読み進んでもらいたい。各章の本文の末尾に、関連の深い章やPartについても記載している。併せて参照されたい。

本書が取り上げる視点や論点は、幅広い領域に及ぶものの、これから社会として議論を進めていくという観点からは限られたものである。しかしながら、そのようなときに断片的な記述のなかに、共通の論点が数多くあることを読者には感じ取っていただけるのではないかと思う。そのような視座を養うことで、今後新たに登場する科学技術に対しても向き合うことができると信じている。

本書が、今後の科学技術社会論、あるいは先端科学技術に関わるＥＬＳＩやＲＲＩといった議論に関わる人にとっての学びに貢献できるものであれば幸いである。

標葉隆馬

（1） 本書刊行時点では、日本ではムーンショットやＳＩＰなど、大規模な研究プログラムが複数実施されており、多くの研究費の投入が行われている。これらの先端科学技術分野の大型研究プログラムにおいては、大きな社会的インパクトのある成果が目指されていることもあり、研究開発の当初よりＥＬＳＩの検討と対応が強く求められるようになっている。

参考文献

標葉隆馬（2020）『責任ある科学技術ガバナンス概論』ナカニシヤ出版。

標葉隆馬（2022）「特集に寄せて　知識生産をめぐる倫理的・法的・社会的課題（ＥＬＳＩ）と責任ある研究・イノベーション（ＲＲＩ）の現在と未来」『研究 技術 計画』三七（三）、二四六―二五一頁。

目次

Part 1 理論編

第1章　科学者の社会的責任

科学者には社会的な責任があるという見方、すなわち科学者は自分の作り出した知識や技術が社会にもたらす影響について道徳的な責任を負うという考えは、二十一世紀に入ってから急速に認められつつある。しかし、科学者がそのような責任を持っているという考えは、決して古くから確立されていたものではない。第二次世界大戦後に物理学者のパーシー・ブリッジマンやロバート・オッペンハイマーらが論じたように、科学者は科学の社会的な影響に関する責任から自由に科学研究を行うべきだという考えのほうが、国際的には強い影響力を保ってきたのである。他方日本では、湯川秀樹、朝永振一郎、坂田昌一のような著名な物理学者たちが、科学の成果がもたらす結果に対する科学者の責任をより強調する議論を盛んに行ってきた。ここでは、このように入り組んだ科学者の社会的責任をめぐる議論の系譜を整理したうえで、科学者が担うべき責任とはどのようなものかを考察する。

1　バナール、ブリッジマン、オッペンハイマー

第二次世界大戦が勃発した一九三九年に、イギリスの物理学者のジョン・デズモンド・バナールは

『科学の社会的機能』を発表し、科学がもたらす社会的影響についての議論の嚆矢となった。バナールは第一次世界大戦から世界恐慌に至る歴史を振り返りつつ、科学の発展がむしろ戦争の残虐化や貧困の加速につながってしまったとしたうえで、科学は社会を改良し人道に資するために計画的に遂行されるべきことをマルクス主義の立場から論じた（Bernal 1939）。このようなバナールの議論に対し、同じくイギリスを拠点にしていた物理化学者であり哲学者でもあったマイケル・ポランニーと動物学者のジョン・ベイカーは、ナチス・ドイツやソ連における科学者の戦争協力や研究計画の管理を問題視し、一九四〇年に科学における自由のための協会（Society for Freedom in Science）を設立した（McGucken 1978）。

イギリスを拠点とした科学における自由のための協会の議論は、ポランニーがアメリカの物理学者パーシー・ブリッジマンと連携を深めるなかでさらに具体化していくことになる。第二次世界大戦終結後の一九四六年にアメリカ科学振興協会（American Association for Advancement of Science）で行われた「科学者と社会的責任」というタイトルの講演において、ブリッジマンはバナール以来の議論を暗黙の宛先としながら、科学者の責任と自由を対立的なものとして提示する議論を展開した。まずブリッジマンは、広島と長崎への原爆投下を機に高まっていた科学の成果が及ぼす影響への懸念の核には「あらゆる科学者は、社会が科学的発見を利用して行うことが善なるものであるよう配慮する道徳的義務を負う」という議論があると整理する（Bridgman 1948：69）。そのうえで、こうした議論は他の職業ではありえない過大な道徳的責任を科学者に課し、科学の進展を阻害してしまうとして、科学者の探究はそうした道徳的制約から自由に行われるべきだと論じたのである。

現代の目から見ると、ブリッジマンが論じた科学者の責任についての議論は、マンハッタン計画における原爆開発に直接関与せずにすんだ物理学者の高踏的な発言にすぎないように見えるかもしれない。しかし、このように科学研究の自由を守るためには科学者をその社会的利用に関する責任から免責しなくてはならないという議論は、マンハッタン計画に関与した物理学者たちの考えにも影を落としていた。たとえばブリッジマンの講演が収録されたのと同じ『ブレティン・オブ・ジ・アトミック・サイエンティスツ（*Bulletin of the Atomic Scientists*）』誌には、マンハッタン計画の責任者ロバート・オッペンハイマーが一九四七年にマサチューセッツ工科大学で行った講演の原稿も再録されている。この『ブレティン（*Bulletin*）』誌は、マンハッタン計画に参加したアメリカの物理学者ユージン・ラビノウィッチらによって一九四五年に創刊され、この時点で核軍縮や科学者の責任をめぐる学術的な議論が交わされる場となっていた。

この講演のなかでオッペンハイマーは、たしかに原爆開発に関与した物理学者たちは、そのことについて「緊密な責任」を感じており、さらには「物理学者たちは罪を知った」とまで述べている[1]。だがその一方でオッペンハイマーは「科学者はその成果に対して責任を負う」という議論はこれまで有効に機能したことはなく、これからも決して機能しないだろうとアイロニカルに述べている。そして彼は「科学者が持つ真の責任とは、われわれがよく知っているように、科学者自身が行う科学の公正性と活発さに対して負う責任のことなのである」（Oppenheimer 1948：67）として、ブリッジマンと同じように「科学者は自ら作り出した知識の社会的利用に関して責任を負う」という考えを相対化した。また核の時代において平和を確立するという課題に関しても、そうした課題への取り組みには、これまで科学を前進させてきた概念の明晰さや思考を限定する手段が欠けていることを指摘しながら、平和運動に邁進する科学者からは距離を取ったのである（Oppenheimer 1948：86）。

2　物理学者たちの平和運動

オッペンハイマーとは対照的に平和運動に参加した物理学者たちは、科学者の社会的責任についてどのような考えを抱いていたのだろうか。第二次世界大戦勃発直前に、レオ・シラードらの働きかけと協力を得てルーズベルト大統領に原爆開発の準備を勧める書面を書いた物理学者のアルベルト・アインシュタインは、一九四五年に行われた講演で「歴史上もっとも恐ろしく危険な兵器を作り出すことに参加した物理学者たちは〔ダイナマイトを発明したアルフレッド・ノーベルと〕同じような責任感と、あるいはひょっとすると罪悪感とすら呼べるかもしれないものに苛まれている（harassed by an equal feeling of responsibility, not to say guilt）」（Einstein 1956）と述べ、各国政府に平和の構築を呼びかけた。

アインシュタインの訴えが社会的なインパクトを持ったのは、一九五四年のビキニ環礁での水爆実験が、操業中の多数の漁船を被曝させるという事件の余波においてである。イギリスの哲学者バートランド・ラッセルは、アインシュタインと共同でラッセル＝アインシュタイン宣言を発表し、原水爆がもたらす放射性降下物の影響が長期間に及ぶことを警告したうえで、核兵器を廃絶し、恒久平和を確立することを訴えた（Russell & Einstein 1955）。ラッセル＝アインシュタイン宣言は、湯川秀樹ら著名な科学者たちに署名され[2]、これらの署名者のうち主だったメンバーを中心に一九五七年には第一回のパグウォッシュ会議が開催された。この会議のアジェンダは、戦時と平時の核エネルギー問題、核エネルギーの国際管理、そして科学者の社会的責任の三つに設定され、それぞれの委員会において議論された。
「科学者の社会的責任」が主題となった第三委員会の報告書は、科学者が「自分の専門的研究の外で負う最高の責任」は、戦争を防止するために全力を尽くし平和の確立を助けることだと述べ、この目的を達成するためには「破壊的でもあり建設的でもある科学の力」を公衆に啓蒙し、国の政策を変えることが重要だとする（The Pugwash Conference 1957：252）。

だが、科学者が平和構築に関わることの重要性を述べながらも、そうした責任は科学者が専門的研究の「外」において負うものだとする点において、パグウォッシュ会議の報告書が示す科学者の責任の実質は、ブリッジマンの「科学者の探究はその利用に関するいかなる道徳的責任からも自由に行われるべきだ」という考えから遠く隔たったものではない。さらに続けて報告書が述べる「科学は外から課されるいかなるドグマの介入からも自由なときにもっとも効果的に発展する」という議論も、ブリッジマンと同じように科学者が科学的探究を行う完全な自由を擁護するものと読めるだろう。パグウォッシュ会議に集った科学者たちは、自らの専門的研究の利用のされ方について省察し、よりよい仕方で利用される責任を引き受けることが、研究実践のなかに含まれるとは必ずしも考えていなかったのである。

科学者の探究はその成果が社会において利用されることに関する責任から自由に行われるべきだという前提自体の問い直しが行われたのは、パグウォッシュ会議に参加した科学者のなかでも、むしろ湯川や朝永ら日本人物理学者たちの議論においてであった。ビキニ環礁での水爆実験が第五福竜丸の船員を含む多数の人々を被曝させたことが明らかになった時点で、湯川は日本が受けた原水爆の被害を振り返り「私は科学者であるがゆえに、原子力対人類という問題をより真剣に考えるべき責任を感ずる」と述べた（湯川 1954＝1989）。さらに朝永は一九六〇年の時点で「かつては科学者は自分の専門の研究だけをしていればよかったが、今では、その研究の成果が人類に何をもたらすかをよく見定め、善についても悪についても、世の人びとにそれを周知させ、警告する仕事を引受けねばならない」とした（朝永 1960＝1982：70）。こうした責任を科学者が負うべきなのは、科学者が自らの発見が何をもたらすのかを「より早く、より深く知っているから」であると朝永は論じたのである。

科学者の社会的責任について、早くから踏み込んだ議論を展開した日本人物理学者は、バナールの『科学の社会的機能』の翻訳者でもあった坂田昌一である。坂田はバナールの議論を引き受けながら、真理の探究を自由に行うためにはその利用のされ方には目を瞑ってもよいとする科学者たちを批判したのである（坂田 1957＝1963：26–27）。

3　現代科学の展開と科学者の社会的責任

第二次世界大戦直後に、核兵器開発に関する物理学者の責任の問題と並んで注目されたのは、人を対象とする研究（human subject research）の倫理的問題である。ナチス・ドイツが収容所で行った人体実験を裁く過程で生まれたニュルンベルク綱領は、被験者の自発的な同意を絶対の条件とするなど、人を対象とする研究や医学研究における倫理の基礎を形づくった。ただしこうした倫理的な議論の高まりは、同意なき人体実験を根絶したわけではなく、たとえば一九三二年から一九七二年までアメリカのアラバマ州タスキギーでは、黒人の梅毒患者に対して同意なしにペニシリンの投与もせず症状の経過を観察するという医学実験が行われていた。タスキギー事件が明るみになった後の一九七四年になって初めて、被験者の保護を定めた国家研究規制法がアメリカで制定された。この法律で明確に定められた被験者の権利保護は、のちに「責任ある研究活動（Responsible Conduct of Research）」を構成する重要な項目となった。

一九七〇年代に社会問題となったのは、直接人を対象とする科学研究だけではない。一九七五年にアメリカ科学振興協会が発表した『科学の自由と責任』という報告書では、核実験による健康被害だけでなく、ベトナム戦争における枯葉剤の使用、ＤＤＴなどの有機塩素系殺虫剤の環境被害、遺伝子工学についての懸念といった問題が列挙されている（Edsall 1975：2）。しかしこの報告書は、科学の基本的な目的はあくまでも知識それ自体の探究にあるとしたうえで、科学者は「予想もしなかった手がかりを辿ることができるだけの十分な柔軟さと自由を与えられなくてはならない」のだとする（Edsall 1975：7）。

もちろんこうした自由がどんな分野においても与えられるべきだとされたわけではなく、社会問題と関係する科学の分野において、科学者の責任はより強調された。たとえば上記の報告書は、一九七五年に開催されたアシロマ会議において、新種の病原菌を拡散してしまうリスクを理由として、病原菌の遺伝子組換え実験を一時停止する宣言がなされたことについて「科学者の仕事が持ちうるかもしれない危険な帰結に対して科学者自身が責任を引き受けた画期的な出来事である」と評価している（Edsall 1975：13–14）。

だが明確なリスクが存在するわけではない他の分野においては、科学者は自由に真理や知識の追求に携わるべきだという構図は保持された。社会が科学を利用する局面に責任を負う者とそうでない者が単に分業できるというヴィジョンは、一九八九年に米国科学アカデミーが発表した『科学者をめざす君たちへ』にも引き継がれた。この報告書は「多くの科学者はそうした〔科学を利用する公衆に向き合う〕活動を楽しんでいるが、そうでない人はそうした活動を研究から気を散らせるものだとみなしている」と述べ、すべての科学者個人が社会的責任を負うわけではないとしたのである（National Academy of Sciences 1989：9073）。

4　責任と自由は対立するのか

二十世紀後半の科学の発展とともに「科学研究はその成果についての社会的責任から自由に行われなくてはならない」というブリッジマンのモデルが妥当とみなされない分野は増えていった。先にみたように、ある時期まではこうした例外はあくまでも例外にすぎないとされた。だが現在においては、科学者の自由のためには科学者を責任から解放しなくてはならないとする見方は、そもそも科学者たち自身にも支持されないものとなっている（Douglas 2021：76）。こうした科学者の社会的責任をめぐる見方の劇的な転換がどのようにして起こったのかを十全に説明するのは難しいが、二〇〇一年のアメリカ同時多発テロ事件と炭疽菌テロ事件をきっかけとして、科学のほぼあらゆる分野においてデュアルユース（☞第９章）のリスクが存在するという認識が高まったことは、この転換に大きく寄与しているだろう。また「責任ある研究・イノベーション（ＲＲＩ）」という概念（☞第10章）への注目の高まりも、そうした転換と歩調を合わせたものだといえる。二〇〇九年に発表された『科学者をめざす君たちへ』の第三版は、いまや「研究者は〔科学者共同体に対する責任だけでなく〕自らの仕事と自らが生み出す知識がより広い社会においてどのように利用されるのかを省察する責任を持っている」と明確に述べている（National Academy of Sciences 2009：48）。

だが科学者の社会的責任についての人々の認識が変わったとしても、ブリッジマンが立てた「あらゆる科学者に科学的発見についての道徳的責任を課すことは科学者の自由を奪い科学の進展を停滞させるのではないか」という問い自体が無効になるわけではない。ブリッジマンの反問に答えうるような、科学者の自由と両立する責任の概念をいかにして作り上げることができるかということは、私たちに残された課題なのである。(3)

併せて読んで！　第8章、第9章、第10章、Part 3

注

（1）　この発言は朝永振一郎によって引用され、科学という営みに含まれる「罪の意識」を表すものだとされた（朝永 1976＝1982：118；藤垣 2018：25–27）。だが以下で論じるように、オッペンハイマー自身は、科学者が負う罪の存在から科学者の社会的責任の存在を導いているわけではない。

（2）　総勢十一名の署名者のなかにはブリッジマンも含まれていた。

（3）　期待価値アプローチを用いることで、科学者に対する過剰な責任の帰属と野放図な自由の許容という両極端を避ける可能性については片岡・河村（2021）を参照のこと。

参考文献

Bernal, John D.（1939）*The Social Function of Science*, George Routledge and Sons Ltd.（『科学の社会的機能』坂田昌一・星野芳郎・龍岡誠訳、創元社、一九五一年）

Bridgman, Percy W.（1948）“Scientists and Social Responsibility,” *Bulletin of the Atomic Scientists*, 4（3）, pp. 69–72.

Douglas, Heather（2021）“Scientific Freedom and Social Responsibility,” In Péter Hartl, & Adam T. Tuboly（eds.）,

Science, Freedom, Democracy, Routledge, pp. 68–86.
Edsall, John T.（1975）“Scientific Freedom and Responsibility: Report of the AAAS Committee on Scientific Freedom and Responsibility,” *Science*, 188（4189）, pp. 687–693.
Einstein, Albert（1956）*Out of My Later Years*, Citadel Press.
McGucken, William（1978）“On Freedom and Planning in Science: The Society for Freedom in Science, 1940–46,” *Minerva*, 16（1）, pp. 42–72.
National Academy of Sciences（1989）“On being a Scientist,” *Proceedings of the National Academy of Sciences of the United States of America*, pp. 9053–9074.
National Academy of Sciences（2009）*On Being a Scientist: A Guide to Responsible Conduct in Research*, National Academies Press.
Oppenheimer, J. Robert（1948）“Physics in the Contemporary World,” *Bulletin of the Atomic Scientists*, 4（3）, pp. 65–86.
Russell, Bertrand & Albert Einstein（1955）“Statement: the Russell-Einstein Manifesto” https://pugwash.org/1955/07/09/statement-manifesto/
The Pugwash Conference（1957）“The Three Committee Reports,” *Bulletin of the Atomic Scientists*, 13（7）, pp. 251–252.
片岡雅知・河村賢（2021）「デュアルユース研究の何が問題なのか——期待価値アプローチを作動させる」『年報　科学・技術・社会』三〇、三五—六六頁。
坂田昌一（1957＝1963）「原子科学者の平和運動——反ファシズム運動からパグウォッシュ運動へ」湯川秀樹・朝永振一郎・坂田昌一編『平和時代を創造するために——科学者は訴える』、二六—六九頁。
朝永振一郎（1960＝1982）「戦争と科学者の責任」『朝永振一郎著作集5』みすず書房。
朝永振一郎（1976＝1982）「物質科学にひそむ原罪」『朝永振一郎著作集4』みすず書房。
藤垣裕子（2018）『科学者の社会的責任』岩波書店。
湯川秀樹（1954＝1989）「原子力と人類の転機」『湯川秀樹著作集5』岩波書店。

（河村　賢）

第2章　人工物の政治性

「人工物に政治性があるか?」と問われたとき、多くの人が「政治は人間のものであり、人工物それ自体には政治などない」と答えるのではないだろうか。しかし、技術哲学者のラングドン・ウィナーは、人工物には政治的特性があると主張する。そのような主張の背景として二つの可能性が示されている。一つは、特定の技術装置または技術システムの発明、設計あるいは編成の仕方が、ある社会状況において、問題視されている事柄に何かしらの回答を与えうる方法となる場合である。そしてもう一つは、「本質的に政治的な技術」と呼びうるものの場合であり、そこでは人間の作ったシステムが、特定の種類の政治的関係を必要とするか、またはこうした政治的関係ときわめて相性が良いものとなっている。

彼は一般論として「問題となるのは技術それ自体ではなく、技術に埋め込まれている社会的・経済的システムなのだ」と確認したうえで、人工物の政治性をめぐる議論を「技術はもっぱら内的な力学の結果として発展し、他のどんな影響によっても動かされることなく、社会をそのパターンに合うよう形づくる」という考えに基づき、人工物の政治性をめぐる議論を展開する（Winner 1986）。このような立場はある種の技術決定論とも捉えることができる。

本章では、このウィナーの議論を中心にいくつかの事例を交えながら「人工物に政治性があるか?」

という挑戦的な問いの持つ意味について考えていく。

1　ウィナーの主張

ウィナーは「Do Artefacts Have Politics?（人工物に政治性はあるか?）」と題した論文の冒頭で、ルイス・マンフォードを引用しながら「権威主義的な技術」と「民主主義的な技術」とを区別し、前者をシステム中心的で非常に強力であるが本質的に不安定なもの、後者を人間中心的で相対的に弱いが工夫に富み永続性があるもの、と説明する。原子力発電技術にはっきりと否定的な立場を示す彼は、その技術を本質的に「権威主義的な技術」にほかならない、と主張するのである。

このような主張は技術にとって政治性が本質的なものである可能性を前提としているわけだが、ではウィナーにとって「本質的に政治的な技術」とはいったいどのようなものなのだろうか。まずは私たちにとっても身近な原発技術にまつわる政治的な問題の一つの側面として地域間格差を取り上げてみたい。

原子力発電技術の例

原発技術という巨大で複雑な技術について考えをめぐらせるときに、この技術がどのような科学的知識によって実現可能となったのか、ということよりも、その技術が私たちの住み暮らす社会でどのような意味合いを持ちうるのか、ということに多くの人が着眼点を置くのではないだろうか。それは、原発技術の複雑さ、技術的制約がゆえに特定の社会構造をどうしても避けることができない、という現実を私たちに現に突きつけているということでもある。

たとえば、東京電力の柏崎刈羽原子力発電所は、東北電力の管内である新潟県刈羽村・柏崎市に立地する。そこで発電された電気は関東方面へ送電され、遠く関東地域で消費される。原発立地地域に住まう人々は、原発がすぐ近くにある、ということに対する不安や恐怖をも引き受ける必要がある。その一方で、眠らない街・東京とも揶揄される地域を照らす電気がいったいどこで発電され、どこから送電されて点いているのかまったく考えもしない人もいるだろう。ここに原発技術と社会との関係における地域間格差という問題を読み取ることができる。

その技術が私たちの住み暮らす社会でどのような意味合いを持ちうるのか、ということに考えをめぐらせることを通じて、人間の諸活動に対して持つ人工物の政治的意義が浮かび上がってくるのである。

ロングアイランドの橋の例

冒頭でウィナーの立場を一種の技術決定論と評したが、この点には注意が必要だろう。特定の技術についてウィナーは、それを「人間活動のために作り出された社会資本」と捉え、注意喚起をするという側面を彼の議論のなかに含ませている。この代表例ともいえるのが「ロングアイランドの橋」という事例である。

「ロングアイランドの橋」とは、ニューヨーク州にあるジョーンズ・ビーチへと通ずる公園道路上の二百ほどの低い陸橋のことである。この橋の設計者は、ロバート・モーゼスという一九二〇年代から一九七〇年代にかけて多くの公共施設を設計した大建築家で、ニューヨーク市長や知事、さらにはアメリカ大統領とも密接な関係にあったことでも知られている。モーゼスの伝記を書いたロバート・A・キャロは、モーゼスが社会階級に関する偏向と人種的偏見を持っていたといういくつかの証拠を示した。上流階級や生活に余裕のある中流階級に属する人々は自家用車を使ってその公園道路を通ることができるが、異常なほどに低いその橋を車高の高いバスはくぐることができない。つまり、もっぱら公共交通機関を使って移動する黒人や低所得者層の人々がビーチを訪れることを拒否した、という見方ができるのである。

ウィナーは、人工物の政治性という観点からモーゼスの偉業を振り返り、そこに組み込まれた設計者の抱く価値観の重要性を強調したうえで「彼の記念碑的構造物の多くは、社会的不平等を体系的な形で表現している」と語っている。一方で、人工物が設計した技術者の意図しない政治的結末をもたらす可能性のあることを警告する見解もあり、モーゼスの動機が人種差別にはなかったのではないかという反論もあるので、その理解には注意が必要な事例でもある。

本質的に政治的な技術とは

技術的な制約が社会のあり方を決定づけることを読み取れる原発技術や人工物をデザインした主体の抱く価値観が顕著に現れている「ロングアイランドの橋」などの実例を通じて、ウィナーが考えるところの人工物が「本質的に政治的」であるという意味を確認することができる。ウィナーは特に公衆の生活様式を変化させてしまう存在としての技術のあり方に着目をしているが、公衆の日常生活のあり方というのは、社会における権力関係を存分に含んだ状態で成り立っているのである。

しかし、私たちが日々暮らすなかで、このような問題に目を留めるほど、技術に対して日常的に鋭い視線を送ることはないだろう。それは技術中立説、あるいは技術の価値中立性という前提によって、技術やその設計者が責任を逃れているとも受け取ることができる。

科学や技術によって実現される便利な生活を所与のものとして享受している私たちにとって、このように日常的に見逃されてしまいがちな隠された部分へ目をやることは、科学技術と私たちの未来を考えるうえで重要な視点を提供してくれるはずである。

2　技術の社会的構成論

ウィナーが、人工物の設計者が抱く価値観に重きを置いたのに対し、技術の誕生や進展の過程において、技術を取り巻く多様な利害関係者間や関わる環境的要素との相互作用のなかにその方向性の醸成を見出す立場を技術の構築主義と呼ぶ。この技術の構築主義のなかでもよく引き合いに出されるのが、技術の社会的構成論（Social Construction of Technology：SCOT）とアクターネットワーク理論（Actor Network Theory：ANT）（☞第3章）である。

特にSCOTでは、議論の対象とする人工物について、それに関わる複数の社会集団がそれぞれ異なる意味を付与し、違った課題を見出すことで、それに応じた解決策が模索されるという議論が展開される（柴田 2022）。したがって、人工物は設計者によって、そのあり方が決められるものではなく、複数の社会集団から影響を受けることによって多様な変異型が生ずるものである、と考えられるのである。

ＳＣＯＴを唱えたトレーバー・ピンチとヴィーベ・バイカーは、その主張のなかで、人工物としての技術とは、文化的に構築されるものであり、その人工物の使用目的やそれに付随し発見される問題、そしてその解決策はつねに複数存在する、と説いている。したがって、その人工物について、唯一で最良の設計が確定的にあると言い切ることは決してできないのである。これを説明するために自転車の事例を示すこととしたい。

ペニー・ファージング型の自転車

もともと自転車は上流階級の遊び道具として十九世紀後半のイギリスで普及していった。その形状は現在の自転車とは異なり、ハイ・ホイールと呼ばれる巨大な前輪と小さな後輪のついたものであった。これは、活動的な男性から熱狂的な支持を得たが、一方でその安全性が問題視されていた。前輪が大きく回転が速度に伝わりやすいという仕組みではあるが、転倒のリスクは高い。当時の使用者たちからは、多少のリスクがあったとしても速度のほうが重視された、ということを反映している。

安全性の向上という観点から振動を軽減するための空気タイヤが発明されたものの、自転車の使用者たちからはそれが自転車にはそぐわないものとして反対の意見が挙がっていた。しかし、一度それがレースで使用されると、グリップが向上し速度も上がることが明らかになる。結果として、これが一般的なデザインとして定着し、安全性も高まったことから、女性でも乗れるよう、前輪と後輪の大きさの揃った自転車なども設計されるようになっていったという。速度を上げるという意味合いを中心として自転車のデザインは大きく変わっていったのである。

　このようにして改良されてきた、女性でも無理なく乗ることのできる移動手段としての自転車が、その後の社会の変化のなかでどのような意味を付与されたのか、少しの想像力でも見当がつくだろう。自転車の技術史を辿り現代へと目を向けてみると、幼い子供がいる家庭などでは、後部に頑丈なチャイルドシートが取り付けられ、日常的な移動手段として活用されている。同時に快適さも求められ、電動自転車が普及してきたが、自転車自体は持ち上げられないほどの重さになっている。昨今、女性研究者の育成支援や女性の活躍推進などが盛んに議論されているが、この電動自転車の持つ技術の社会的な意味について考えを広げてみるのも面白いかもしれない。

解釈に柔軟性を持たせることの意味

　先の自転車の技術史のような人工物の分析は、私たちに新しい視点を提示してくれている。それは「解釈の柔軟性（Interpretive Flexibility）」という科学技術社会論における重要な概念である。もし使用者でもある多様な利害関係者の間に、柔軟な解釈の可能性がなかったとしたら、人工物はそれがどのようなものか、ということが一義的に決まってしまう。ウィナーが議論するように人工物の社会的意味をその設計者が決定づける、という主張にもつながるだろう。しかし、こういった社会構成主義の立場をとるならば、技術を構成する社会的なプロセスは延々と続いていくものであり、そのプロセスには多様な社会集団が巻き込まれることが予想される。

　こういった一連の議論から、社会構成主義が認められるような解釈の柔軟性という考え方は、それがどのようなものなのかが当然視されている技術についても、どのようにしてそのように理解されるようになったかを問い直す態度につながるものである。

3　私たちの日常に潜む罠

ウィナーの議論に対しては上記のような批判もあるものの、技術の持つ政治性に目を向けることで私たちの日常生活のなかに潜む罠が照らし出されることも多い。ウィナーの教訓から、技術者にその設計が彼らの意図しない政治的な結末をもたらす可能性のあることを理解することができる。その一例として挙げられるのが、排除アートである。

排除アートとは、表現を行う場としてのアートを指しているのではなく、もっと直接的な、しかもネガティブな意味合いでの機能や役割を持ったデザインのことである。英語では「Defensive urban design」などと呼ばれており、日本で「排除アート」という呼称が定着した背景にどのような意図が隠されているのか、つい疑り深い視線を送ってしまいそうである。

排除アート

ここでは、建築史家の五十嵐太郎を頼りに実際の排除アートへと視点を移していきたい。『過防備都市』を著した五十嵐は「何も考えなければ歩行者を楽しませるアートに見えるかもしれない。……可愛らしい相貌を持つケースさえあるから厄介で、ほのぼのとしたニュースとして紹介されることもある。しかし、その意図に気付くと、都市は悪意に満ちている。……公共空間はまるで違う姿をむきだしにするはずだ」と、草花だけでなく人にも水がかかってしまう放水装置や座面に凹凸があり横になって休むことはできないベンチの例などを挙げ、公園からホームレスを排除する様を紹介している（五十嵐 2004）。こういった教訓は、かつて技術者に向けられた類のものと同様のものであり、芸術家の作品としての本来のアートが、芸術家の意図しないところで排除アートとして利用されてしまう事態も十分に起こりうるということを示唆している。

パノプティコン

五十嵐は「一九九〇年代後半から他者への不寛容とセキュリティ意識の増大に伴い、監視カメラが普及するのと並行しながら、排除アートは出現した。ハイテク監視とローテクで物理的な装置である」と述べているが、監視カメラの出現よりもずっと前にこのハイテク監視システムは構想されていた。それこそが、ジェレミー・ベンサムの全展望監視システム、パノプティコンである（Schofield 2006）。

ベンサムは社会全体の幸福の最大化のためには犯罪者の幸福も底上げする必要があると考え、運営者の経済性と受刑者の福祉とが両立するよう、中央に監視塔を配置し、それを囲むように独房のあるパノプティコンを構想した。これを批判するのが、ミシェル・フーコーの『監獄の誕生――監視と処罰』、いわゆるフーコーの権力論である（Foucault 1975）。ベンサムのパノプティコンで中央に配置されている監視塔にいる看守は、すべての受刑者を見渡すことができたが、その一方で、受刑者からはその看守の姿を確認することができなかった。極端に言ってしまえば、つねに監視されているという可能性に受刑者は晒されており、実際の看守は常駐している必要もない状況ができあがるのである。その結果、受刑者の内面に第二の看守が生まれる。つまり、権力からの眼差しを意識することで人は権力を内面化する、ということであり、フーコーにとってパノプティコンはこれを示すうってつけの構想であった、というわけである。

監視社会

ベンサムのパノプティコンを引き合いに出したのは、フーコーだけではなかった。社会学者のショシャナ・ズボフは、所有する個人の仕事の進捗を監視できる「情報のパノプティコン」としてパソコンの役割を検討している（Zuboff 2019）。

昨今、新型コロナを経て確立された在宅勤務制度を利用し、就業時間の大半を自宅で過ごす人も多くなっており、これは新しい働き方の代表例ともいえるだろう。しかし、雇用主から貸与されているパソコンに、従業員である使用者の働きぶりを確認するためのソフトウェアが導入されていたならば、それは決して彼らの「仕事仲間」ではなく、むしろ彼らの監視者、「第二の看守」とも呼べる存在にほかならない。

私たちの未来

このように日本の一般家庭でもその一端を簡単に経験できる監視社会の構造であるが、これを国家プロジェクトとして推進している中国の例を最後に紹介したい。

中国の商湯科技（センスタイム）という企業の売り物は、人間の顔認識人工知能のソフトウェアである。警察は同社のシステムを使ってセキュリティ映像を分析し、被疑者を特定している。政府はこの技術を応用して十四億人もの国民を監視する社会システムの構築を目指している。

それればかりではない。依図科技（イートゥ）という企業は、顔認識システム上に十八億以上の画像データを保有しているという。同社は、犯罪者を検出する顔認識アルゴリズムを採用することで犯罪件数が減少していると主張しており、中国ですでに普及しつつある「信用スコア」を支えるこれら科学や技術は、すでに日常生活のなかに溶け込んでいる。

私たちはウィナーの議論を受け、科学や技術と社会との接地面をどのようにデザインし、社会をどのように構成していくのか、自ら注意深く検討しなければならない。科学や技術が牙を向けてきたときに初めて気付くようでは、もう遅いだろう。

併せて読んで！　第9章、第10章、第11章、Part 3

参考文献

Foucault, Michel (1975) *Surveiller et punir, Naissance de la prison*, Éditions Gallimard.（『監獄の誕生――監視と処罰』田村俶訳、新潮社、二〇二〇年）

Winner, Langdon (1986) *The Whale and Reactor : A Search for Limits in an Age of High Technology*, University of Chicago Press.（『鯨と原子炉――技術の限界を求めて』吉岡斉・若松征男訳、紀伊國屋書店、二〇二〇年）

Schofield, Philip (2006) *Utility and Democracy : The Political Thought of Jeremy Bentham*, Oxford University Press.（『功利とデモクラシー――ジェレミー・ベンサムの政治思想』川名雄一郎・高島和哉・戒能通弘訳、慶應義塾大学出版会、二〇二〇年）

Zuboff, Shoshanna (2019) *The Age of Surveillance Capitalism : The Fight for a Human Future at the New Frontier of Power*, Profile Books.（『監視資本主義――人類の未来を

賭けた闘い』野中香方子訳、東洋経済新報社、二〇二一年）
五十嵐太郎（2004）『過防備都市』中央公論新社。
柴田清「技術の社会的構成論」（2022）塚原東吾ほか編『よくわかる現代科学技術史・ＳＴＳ』ミネルヴァ書房、一六四—一六五頁。

（牧口奏江）

第3章　アクターネットワーク理論

アクターネットワーク理論（Actor Network Theory：ＡＮＴ）とは何か。辞書的には、「思想家ブリュノ・ラトゥール、社会学者ミシェル・カロンおよび社会学者ジョン・ローらによって一九八〇年代～九〇年代に提唱された、科学技術研究を発祥とする社会学的・人類学的「理論」」である、などと定義されよう。しかし実際には、ＡＮＴは厳密な定義を与えられることなく時期によってさまざまに変化し、また多様な展開を果たしてきたため、正確な定義を与えることは難しい。先の定義にも、少なくとも二つの補足が必要である。①ＡＮＴは、「理論」と称されてはいるが、科学技術についての「首尾一貫した説明の体系」ではない。その本質が何かという点については未だ議論があり、なかには「ＡＮＴはそもそも理論ではない」などと言う人までいたりする。②近年のＡＮＴに基づく研究は科学技術以外も研究対象としており、その射程は会計やデザインといった領域にまで広がっている。こうした事情を踏まえつつ、本章では単純化の弊害を承知のうえで、ＡＮＴの要点についてなるべく平易に説明することを試みたい。なお、ＡＮＴについてはすでに主唱者その他により多くの解説が書かれている。全容についてはそれらを参照されたい（ラトゥール 2019；栗原編著 2022；久保 2019；なお学説史上の位置づけとしては金森編 2002を参照のこと）。

1　ANTの概要

初期ANTの研究

ラトゥールによれば、ANTは、科学技術におけるミクロな実践がマクロな現実の変化をもたらすメカニズムについての社会学的研究（Callon & Latour 1981）として創始され、一九八〇年代に刊行された以下の三つの科学技術の社会学的・歴史的研究により本格化したという（ラトゥール 2019：23）。

・フランスにおけるホタテガイ養殖技術の確立を分析したカロンの論文「翻訳の社会学のいくつかの構成要素――ホタテ貝の養殖化とサン・ブリュー湾の漁師」（Callon 1986）
・パストゥールの微生物学がフランス全土に広がる様子を描いたラトゥールの著書『パストゥールあるいは微生物の戦争と平和、ならびに「非還元」』（ラトゥール 2023）
・中世ポルトガルにおける航海術の成立史を分析したローの論文「長距離航行の制御――船・航法・ポルトガルのインド航路」（Law 1986）

なお、一九七九年に刊行されたラトゥールとウールガーの科学技術のエスノグラフィ（＝実践についての質的記述）である『ラボラトリー・ライフ――科学的事実の構築』（ラトゥール＆ウールガー 2022）は、従来の社会学との連続性などから前ANT的な研究として数えられることが多いが、ANTの研究との共通点も多い。

ＡＮＴの二つの特徴

これらの研究には以下の二つの共通する特徴がある。これらはＡＮＴの基本的な特徴とみなされている。

①人間以外の存在（ＡＮＴでは「非人間《ノンヒューマン》」と呼ぶ）の役割を強調すること。程度の差はあれ、これらの研究はホタテガイ・微生物・キャラック船といった、人間以外の行為者《アクター》が科学において果たす役割の重要性を強調している。前述の『ラボラトリー・ライフ』も、実験装置という非人間の重要性を強調し、データをあらわす図表に「描出《インスクリプション》」、図表を生み出す実験装置に「描出装置《インスクリプション・デバイス》」という、その後のＡＮＴにおいてキーとなる理論的用語を割り当てている点で、ＡＮＴの特徴を備えている。このような特徴から、ＡＮＴは「モノの社会学」などとも呼ばれる。

②集合的《マクロ》な現実を変化させた個別具体的《ミクロ》な「つながり《ネットワーク》」を経験的に記述すること。ＡＮＴは科学技術によるマクロな社会の変化、すなわちフランスにおけるホタテガイ養殖の確立、感染症のワクチンによる対処、大航海時代の歴史を変えた航路の確立などを、ホタテガイの採苗器の調整、農場におけるセンセーショナルなワクチン実証実験、天文学に疎い船乗りのための訓練書の確立といった、さまざまなミクロな実践の結果として記述する。この記述法は、政治や制度をマクロな要因、実践をミクロで観察可能な対象としてあらかじめ切り分け、マクロな要因をミクロな対象の「背景」とするような従来の社会学的分析に対抗して考案されたものである。

ＡＮＴの歴史と広がり

ＡＮＴの全体像について、主要な論者と著作をたどることで、素描しておこう。

一九八〇年代はＡＮＴの確立期である。ラトゥールの『科学が作られているとき』（ラトゥール 1999）は、文章中にＡＮＴの語はほとんど登場しないが、初期のＡＮＴの主張をまとめた教科書的著作として知られている。

一九九〇年代になると、ＡＮＴの総括が語られるようになるとともに、「ポストＡＮＴ」と呼ばれる潮流が出現する。ローとジョン・ハサードの編集した『ＡＮＴとその後』（Law & Hassard eds. 1999）は「ポストＡＮＴ」の幕開けを告げる論集であった。二〇〇二年に発表されたアテローム性動脈硬化症の多様性を描いた医療人類学的著作『多としての身体』はポストＡＮＴ的研究の代表例であり、著者のアナマリー・モルもポストＡＮＴの研究者の筆頭として数えられる（モル 2016）。

ＡＮＴは、ＳＴＳ（科学技術社会論）という研究分野においては、従来の知識中心的な科学史・科学哲学を批判的に乗り越え、科学の実践や文化的側面に着目する科学技術研究の道を開くものであった（Pickering ed. 1992）。特に、「モノ」への関心はインフラストラクチャーのような巨大な物質的集積体への研究へと広がりをみせるとともに、二〇〇〇年代以降には人間以外の種の研究にも展開され、ダナ・ハラウェイやスーザン・リー・スターらのフェミニスト的科学論（☞第4章）やイザベル・ステンゲルスらのドゥルーズ主義科学論などの影響を受けつつ、動物論や「複数種の民族誌《マルチスピーシーズ・エスノグラフィ》」（☞第13章）と呼ばれる潮流へと拡張されている。二〇〇九年に刊行されたクリストファー・ガッドとキャスパー・イェンセンの論文「ポストＡＮＴの帰結」（Gad & Jensen 2009）は、「ポストＡＮＴ」のさらにその先を展望するものである。

ラトゥールは『ＡＮＴとその後』所収の論考においてＡＮＴを「理論」と呼ぶべきではないと述べたが、のちにそれを撤回し、二〇〇五年にはＡＮＴの「入門書」を出版した（ラトゥール 2019）。「理論化」されたＡＮＴは、経営学やデザインの領域にも広がっている。

2　「つながり一元論の哲学」としてのＡＮＴ

ＡＮＴにはさまざまな「専門用語」がある。以下の三つの節では、ＡＮＴの研究を特徴づける三つの主要な概念（「つながり《ネットワーク》」・「非人間《ノンヒューマン》」・「インフラ言語」）を紹介する。

ＡＮＴでは、科学者を「つながり《ネットワーク》をつくる者」として理解する。従来、科学は「真理探究の営み」とみなされており、天才のひらめきや斬新なアイデアによる理論の創造、あるいは新しい発明による新奇な発見こそが科学の「本質」であると考えられてきた。他方、「社会」は科学の「外部」にあり、人々の「つながり」は「社会」の話とみなされてきた。

このような科学と社会の区別のもとでは、「つながり」をつくることは「科学」とはみなされない。すなわち「科学者」は「つながる」存在としてではなく、宗教や常識や迷信を信じる「社会」に対抗して、孤高に「真理」を追究する存在としてイメージされるのである。いまでもこのような科学者のイメージが、世間には根強く流布している。

一方ＡＮＴがイメージする科学者は、そのような「社会」から孤絶した真理の探究者ではなく、「社会」を巻き込み、世界を変える存在である。すなわち、論文を山のように書いて競争相手を追い落とし、研究費の申請書をバリバリ書いて研究室に予算を引き込み、その予算のもとで人を雇って研究を拡大し、自己演出に長けていて、時にはマスメディアを使ってセンセーショナルに成果を喧伝し、自らの影響圏を拡大する、いわば知的世界における世界征服を試みる、実業家のような科学者なのである。

このような科学者のイメージを踏まえて、「つながり」こそが科学者の力の源泉である、とANTでは理解される。論文に発表された科学的成果は、たくさん引用されてほかの論文と「つながる」ことで、科学のなかに確固たる地位を占めるようになる。また、信頼できない実験や研究成果は、引用されないことで「つながり」から孤立する。

さらに、ANTは科学研究それ自体も「モノのつながり」という視点から理解する。実験とは、モノが安定的に振る舞えるように人間がモノの環境（実験系）を整えてあげる営みである。モノも人と同じく、他のモノとうまく「つながる」ことによって安定的に存在したり、振る舞うことができるようになるのであり、人はモノがひとりでに適切に振る舞うことができるように、モノの布置を整えてあげることが使命となる。人とモノとの間に本質的な断絶を「あらかじめ」想定することなく、あらゆる人・モノの「つながり」をフラットにとらえること（人とモノとの「対称性」と呼ばれる）が、ANTのもっとも重要な特徴である。

いわば、ANTとは「つながり一元論の哲学」であり、「つながることで現実が作られ、つながりを失ったものは現実から消失する」という世界観に立脚するのである。

3　「非人間」への着目

先述のように、「モノ」はANT用語では「非人間《ノンヒューマン》」と呼ばれる（この語には無生物だけではなく、動物や植物など、人間以外の生物も含まれる）。科学というと、「科学者が」実験をしたり理論を作ったりする活動をイメージするだろう。しかし、その主語は本当に適切か、とANTは問いかける。前節で簡単に触れたように、ANTでは実験を「モノに働きかけ、モノに語らせる」行為と捉える。実験の「成功」とは、人間の意図や努力と、モノの振る舞いとがうまくかみ合ったところに生じるのである。

この（一見すると当たり前の）指摘が重要なのは、社会学や科学史では、科学の主役は（そして社会の主役もまた）ずっと「人」であると考えられてきたからだ。科学がまだ哲学であった時代から、人は往々にして科学の歴史を知性の歴史、あるいは「思想の進歩の歴史」としてイメージしてきた。しかし、科学は「変化しないモノの世界」を単に「観察」し、その世界の事実を「発見」するだけの営みではない。科学は世界に「介入」してさまざまな道具や現象を発明し（ハッキング 2015）、モノの世界の「抵抗」（Pickering 1995）に遭いながらも創意工夫を重ねて、安定したモノと概念からなる系を生み出す、「人と非人間の相互作用」のプロセスなのである。

科学を「人と非人間との相互作用」として捉えることのメリットを一言で説明するのは難しいが、ひとつ挙げるとすれば、「非人間の変化を原因とした科学者の在り方の具体的・歴史的な変化」を捉えられるようになる、ということがある（ハッキング 2012）。たとえばコンピュータの誕生は科学者を「シミュレーションをする存在」へと変貌させた。そのような「非人間」の影響に基づく人間の在り方の具体的な変化が把握できるようになることで、科学者を不変の「真理の探究者」としてみなす見方よりも、より解像度の高い科学者像がもたらされる。

より壮大な話としては、「非人間」の強調は、科学と社会の見方の根本的な転換を帰結すると考えられている。その射程は「人間中心主義」を超えた世界観の提唱といった議論にまで広がっており、ANTがSTSの範疇を超えて広汎な影響を及ぼしている理由にもなっている。

4　「インフラ言語」としてのANT

ANTのもとでは、科学者に限らずあらゆる人・非人間が「つながりをつくる者」である。つまりこの見方は、従来の「真理の探究者」という定義とは異なり、科学者とそれ以外の人間の在り方を本質的に区別するものではない。ANTが提唱する概念には概してこのような傾向があり、ANTは「弱い」理論と呼ばれることもある。すなわち、ANTの諸概念は、それ自体では「科学（技術）とは何か」という問いに答えてくれないのである。

ラトゥールが自分の記述法を『戦争と平和』の著者トルストイになぞらえたように（ラトゥール 2023）、ANTに基づく科学の描写（エスノグラフィ）は、理系の科学論文よりもむしろ文学的描写に似ている。小説は登場人物のキャラクターを定義によって与えたりはしない。登場人物のキャラクターを作り上げているのは、出来事のなかで振る舞う人物の描写そのものである。ANTもまた小説と同様、本質を最初に定義するのではなく、記述によって対象を描いていくという方針を取る。

ＡＮＴのこのような方針は、「科学者とはいかなる存在であるかを決めるのは、科学者をはじめ、その実践に参加している人々自身である」という見方と密接に関連している。「科学者＝真理の探究者」であるという従来の定義は、いわばすでに確立された、科学者に対する「固定化されたイメージ」である。そのような固定化されたイメージに基づいて科学者を描写することは、現実の科学者の多様性や変化に対して盲目になってしまう危険をともなう。そこでＡＮＴでは、そのような「強い」科学者像を前提とする代わりに、「つながりをつくる者」という「弱い」見方を準備することで、「科学者自身がやっていること・言っていること」に基づいて科学の多様性や変化を柔軟に記述しようとする。

言い換えれば、ＡＮＴは、科学技術の描写に対して、コンピュータ言語のようなある種の「インフラ言語」の位置を占めているのである。それは対象の記述の方法をゆるやかに規定するが、科学技術の構成要素を限定したり、特徴を「あらかじめ」決定するほど強い制約を課さず、むしろあらゆる科学技術実践を記述できる自由度を保ちながら、科学技術を記述することを可能にする手段を提供する。そして、ソフトウェアやウェブページではその構造を形づくるプログラム・コードが表にあらわれないのと同様、ＡＮＴに基づく科学技術の描写は表面上、ＡＮＴの専門用語を用いることなく描かれる。独自の用語法はたくさんあるが、ＡＮＴに影響を受けた科学技術の描写は、必ずしもＡＮＴの理論的痕跡を残していない。「インフラ言語」は記述の表面にはその痕跡を残さない。ＡＮＴの理論的語彙は記述の構造を特徴づけるものとして、いわば記述の内部に宿るのである。

ＡＮＴは「多様な科学技術」を生み出すための、開かれた実践を促す。「科学技術とはこうだ」「科学技術はこう描けばよい」という「答え」を知りたい研究者に、ＡＮＴは何も有益な示唆をもたらさないが、目の前の科学技術を丁寧に理解することを目指す者には、ＡＮＴは力を与えてくれるだろう。

併せて読んで！　Part 2′ Part 3

参考文献

Callon, Michel (1986) "Some Elements of a Sociology of Translation: Domestication of the Scallops and Fishmen of St. Brieuc Bay," In John Law (ed.), *Power, Action and Belief: A New Sociology of Knowledge?*, Routledge, pp. 196–233.

Callon, Michel & Bruno Latour (1981) "Unscrewing the Big Leviathan; or How Actors Macrostructure Reality, and How Sociologists Help Them To Do So?," In Karin Knorr-Cetina & Aaron V. Cicourel (eds.), *Advances in Social Theory and Methodology*, Routledge and Kegan Paul, pp. 277–303.

Gad, Christopher & Casper Bruun Jensen (2009) "On the Consequences of Post-ANT," *Science, Technology, & Human Values*, 35 (1), pp. 55–80.

Law, John (1986) "On the Methods of Long Distance Control: Vessels, Navigation, and the Portuguese Route to India," In John Law (ed.), *Power, Action and Belief: A New Sociology of Knowledge?*, Routledge, pp. 234–263.

Law, John & John Hassard (eds.) (1999) *Actor Network Theory and After*, Blackwell.

Pickering, Andrew (ed.) (1992) *Science as Practice and Culture*, Chicago University Press.

Pickering, Andrew (1995) *The Mangle of Practice: Time, Agency, and Science*, University of Chicago Press.

金森修編（2002）『科学論の現在』勁草書房。

久保明教（2019）『ブルーノ・ラトゥールの取説』月曜社。

栗原亘編著、伊藤嘉高・森下翔・金信行・小川湧司著（2022）『アクターネットワーク理論入門――「モノ」であふれる世界の記述法』ナカニシヤ出版。

ハッキング、イアン（2012）『知の歴史学』出口康夫・大西琢朗・渡辺一弘訳、岩波書店。

ハッキング、イアン（2015）『表現と介入――科学哲学入門』渡辺博訳、ちくま学芸文庫。

モル、アネマリー（2016）『多としての身体――医療実践における存在論』浜田明範・田口陽子訳、水声社。

ラトゥール、ブリュノ（2019）『社会的なものを組み直す――アクターネットワーク理論入門』伊藤嘉高訳、法政大学出版会。

ラトゥール、ブリュノ（2023）『パストゥールあるいは微生物の戦争と平和、ならびに「非還元」』荒金直人訳、以文社。

ラトゥール、ブリュノ&スティーヴ・ウールガー（2022）『ラボラトリー・ライフ――科学的事実の構築』立石裕二・森下翔監訳、金信行・猪口智広・小川湧司・水上拓哉・吉田航太訳、ナカニシヤ出版。

ラトゥール、ブルーノ（1999）『科学が作られているとき』川崎勝・高田紀代志訳、産業図書。


（森下　翔）

第4章　状況に置かれた知

ダナ・ハラウェイの「状況に置かれた知（situated knowledges）」は、フェミニズム科学論の代表的著作であるサンドラ・ハーディングの『フェミニズムにおける科学への問い（*The Science Question in Feminism*）』に対するコメントとして発表された論文である。フェミニズム理論を援用した批判的科学論の議論に一石を投じ、科学的営みを理論的に分析するのではなく、科学知が実際に生成される現場に出向き、実験室にいる科学者の行動を研究対象とする科学人類学や科学社会学の流れを作るきっかけとなった（☞第3章）。

本章ではまず、「フェミニズム」と「科学」という一見すると奇妙に感じられる組み合わせがどのような文脈から生じるのかを説明する。次に、フェミニズムの科学論（フェミニスト認識論）の議論を紹介し、そのなかで「状況に置かれた知」がどのように位置づけられるのかをみていく。最後に、「状況に置かれた知」に基づく新たな科学知の描像を確認する。

1　「フェミニズム」と「科学」

私たちはさまざまな感覚器官を通して、私たちを取り囲む世界の事柄を学ぶ。だが、私たちの五感は時として誤りうる（例、目の錯覚）。さらに、私たちはそれぞれに固有の視点を持つ。私から見える光景と別の誰かから見える光景は厳密には同じではないし、私の感覚を通して知る世界は私の感覚に閉ざされた世界でしかない。これらの問題に対し、十七世紀頃の知識人たちは、私たちが世界の真の姿を知るには各々の感覚に限定づけられた局所的な視点を超える、普遍的な手法を確立する必要があると考えた。そこで出てきたのが「科学的手法」である。すなわち、理性に基づく数学的思考と実験に基づく観察という緻密な経験的手法を通して、「科学」は誕生したのである。

価値中立的な「科学」像

私たちが世界について考え、知ろうとする視点は自ずと世界の外側に位置づけられる。したがって、世界を観察し思考する科学的態度は、世界を外側から見る「私」とその私に見られる「世界」とを作り出す。このようにして私たちは、自身を世界から切り離すと同時に世界を対象化することで、局所的な視点を超えた普遍的な位置へと到達できると考えられた。

一方で科学は、さまざまな差別の正当化に使われてきた。多くの科学者たちが「白人は有色人種よりも優れている」「女性は男性よりも劣っている」といった見解を支持してきた（Gould 1996）。科学は世界の真理を探究する学問であるとの見方が、科学的言説を「動かし難い事実」として位置づける。その結果、科学は私たちの差別的な考え方や振る舞いまでも正当化したり方向づけたりする力を持つことになる。

このことが科学の客観性を直ちに否定するわけではない。科学に従事する科学者が社会に生きる人間である以上、科学を社会から完全に切り離すことはできない。よって、その時代の価値観や考え方に少なからず影響を受けることは避けられない。しかし、だからといって科学それ自体の基盤が揺らぐことになるだろうか。差別に援用されてきた科学は、いまやほかならぬ科学によって否定されている。たとえば、人種差別を助長した骨相学は科学の地位を剥奪され、擬似科学に位置づけられている。

そもそも真理を探究する道程に間違いはつきものである。そして、その間違いは私たちが真の科学を追求していくなかで訂正されていく。科学哲学者、K・ポパーはいかなる知識もつねに誤りうる可能性がある（可謬主義）としたうえで、反証可能性を軸に科学（世界に対する私たちの認識）は進歩していくとの見方を提示した（Popper 1959＝1971）。この見方は、科学の自律性を尊重し、価値中立的な立場を維持していくべきとする考えに通じる。

科学の男性中心主義（androcentrism）

では、科学は本当に価値中立的な探究なのだろうか。科学が扱う事象は日常の素朴な観察によって検証できるものではない。実際、科学的観察は、厳密にコントロールされた実験環境において可能となるものが多い。科学的手法として実験を積極的に取り入れ、実験的な科学の構築の歴史で重要な地位を占める十七世紀の思想家、フランシス・ベーコンは、実験を通して自然の秘密を暴き出すという科学観を提起する。

このようなベーコンの科学観は、「世界の対象化」をさらに一歩進めることになる。世界、あるいはそこから観察主体である人間を除いた観察対象としての自然は、私たちによって思惟され経験される対象というだけでなく、働きかけられる対象――操作され支配される対象――へと変容していくのである。ゆえに、知識は力となる。自然を操作し、支配する力によって真理を自然から引きずり出す。これにより、知識の主眼は世界を観察することから操作しコントロールすることへと移っていく。

フェミニズムはここを出発点として、知識を生み出す力が女性に対する支配や抑圧と密接に結びつくことを指摘する（Keller 1995；Lloyd 2002；Merchant 1989）。自然を操作し支配する力としての科学が、男性による女性の服従という構図と連動してきたと論じられたのである。この見方から、近代科学と男性中心主義は不可分な関係にあるとフェミニズムは主張し、科学はフェミニズムの問題として位置づけられることになる。

2　状況に置かれた知

フェミニスト立場理論、フェミニストポストモダニズム、フェミニスト経験主義の三つを総称したフェミニスト認識論は上述したフェミニズムによる科学批判を踏まえたうえで、「科学の改訂」を主張していく。ハラウェイの「状況に置かれた知」という議論は、この改訂のあり方をめぐるフェミニスト立場理論とフェミニストポストモダニズムの対立の打開案として提起されたものである。

フェミニスト立場理論

サンドラ・ハーディングによって提唱されたフェミニスト立場理論はまず、科学の男性中心主義的な偏りは経験的実証に依拠するだけでは是正できないと主張する。経験的実証とは、実験と観察を通して仮説を検証する手法を指すが、この手法は部分的・局所的な視点を超えた普遍的な位置があたかも可能であるかのような幻想を私たちに抱かせるとハーディングは警鐘を鳴らす。すでにみてきたように、科学的知識は「ありのままの自然」を観察することで得られるものではない。仮説を検証するには自然を操作し、人為的にコントロールする必要がある。だからこそ、知識は力であり、それは人間（＝男性）による自然支配（＝女性支配）という形態と結びついてきたとフェミニズムは考える。

また、経験的実証はあくまでも科学的仮説群のなかからもっとも有力な説を選ぶ際に用いられる手法である。したがって、その科学的仮説たちがどれも男性中心主義的な枠組内部で生み出されたものである場合、それらを経験的実証を通して篩《ふるい》にかけたとしても、男性中心主義からは脱却できない。むしろ経験的実証という検証を繰り返すことで、ジェンダー・バイアスのかかった科学理論の正当性はますます高まっていくことになる（Okruhlik 1994）。

以上の理由から、フェミニスト立場理論は、男性中心主義から抜け出すためには、科学的仮説を検証する「正当化の文脈」ではなく、科学的仮説が生成される「発見の文脈」に目を向ける必要があると主張する（Harding 1986, 1993）。実際、理論形成の場から女性はさまざまな形で排除されてきた。物理的な疎外だけでなく、科学者としての権威づけからも女性は排除されてきたことが指摘されている（Anderson 1995：Keller 2001）。

ただし、立場理論にとって男性中心主義からの脱却は、価値中立的な科学の実現を目指すものではない。立場理論の主目的は、疎外されてきた女性の視点を普遍的視点に回収するのではなく、女性固有の立場から新たに知識を生成することにある。女性の経験や女性の見方を女性の立場から語ることで、男性中心的な枠組みによって抑圧・支配されてきた女性を解放し、経験的実証に基づく知識とは異なるタイプの知識を生成することができると立場理論は考える。そこで、疎外の温床となる「発見の文脈」をより豊かにすることが試みられたのである。

フェミニストポストモダニズム

このように、フェミニスト立場理論は科学の知識形成や知識の生成主体そのものをラディカルに変革することで女性の解放を目指す。しかしその一方で、「女性」という立場を強調するがゆえに、フェミニストポストモダニズムから批判を受けることになる。それは、女性であることが本質化され、男－女の二項対立が強化されてしまうという指摘である（Anderson 1995）。「男性」「女性」といっても、人種や国、文化など、置かれている状況はそれぞれ異なっているはずである。そういった差異を捨象して、一括りに「男性」「女性」と分類してしまうことははたして適切なのだろうか。「女性」の立場を強調する立場理論は結局のところ、抽象化された「男性」「女性」へと回収され、フェミニズムが批判してきた男性中心主義と同様の幻想――普遍的な位置――に絡めとられてしまっていると論じられた。

また、女性科学者たちからは、科学を男性中心主義と称したうえで、女性の立場から変革しようとする立場理論の試みは「男性」の科学と「女性」の科学という分断を生み出し、結果的に女性に対する先入観や差別が強化されてしまうとの反発を受けた（Keller 1987；Longino & Hammonds 1990：176–180）。女性の科学者たちも、科学教育や科学の現場を女性により開かれたものにしなければならないという問題意識は持っている。しかしそれは、「女性であっても男性であっても科学はできる。科学に性別は関係ない」とする見方を根拠としており、科学を男性的なものと捉えるフェミニズムの観点は、むしろ女性の科学研究の可能性を閉ざすものと考えられた。

状況に置かれた知

ハーディングは立場理論において、男性と女性の立場を軸とする議論を展開したことで、男－女の二項対立が強化・本質化されるとの批判を受けた。この批判により、一方でポストモダニズムは男女の枠を取り払い、個々の立場に相対化した産物として科学的探究を捉え直し、他方で女性科学者たちは科学の普遍性を強調した。科学をめぐるこの一連の錯綜した「普遍主義 vs. 相対主義」の論争に対しダナ・ハラウェイは、立場理論の問題を踏まえつつ、「立場」を「視覚（vision）」というメタファーで論じ直すことで、普遍主義と相対主義の対立図式を超えた新たな見方を提示する。

見るという行為は、つねに何かしらの視覚装置を必要とする。視覚の装置となるのは、私たち霊長類動物が持つ目の構造から、電子顕微鏡、磁気共鳴によるイメージング、衛星監視システムなどさまざまであり、これらを介して私たちは多様な光景を見ることができる。たとえば、「私の目」で見た世界と

「電子顕微鏡」で見た世界はまったく違うように、どの視覚装置を媒介するかによって見える光景は異なる。言うなれば、私たちが見ているものはすべて特定の位置を媒介にした光景なのである。ここからハラウェイは、私たちが世界を認識・経験する地点（＝立場）をさまざまな「視覚装置」として解釈する。

この視覚装置というメタファーは、近代精神に基づく普遍性が偽りの視覚であることを露呈する。視覚装置なくして世界を見ることができない以上、私たちが普遍的位置に到達することは不可能なのだ。つまり、特定の位置を持たずに世界を語ることはできないのである。しかし、だからといって、科学は事実とは関係のない単なるレトリックや男女をめぐる権力闘争の場にすぎない、ということにはならない。彼女は次のように述べ、普遍主義と相対主義がどちらも神のトリックであると断罪する。「相対主義も、全体化指向も、あらゆる位置、かつどこにもない位置からの眺めを等しく、かつ完全に保証してくれる神のトリックであり、こうしたトリックは、科学をとりまくレトリックにつきもののありきたりの神話である」（Haraway 1991：189＝2000：367）。相対主義はあらゆる位置を等質的に捉え、特定の位置を持たない。その意味において、相対主義は普遍主義と鏡像関係にある。普遍主義と相対主義は実のところ、コインの裏表なのである。

視覚装置を媒介にして世界を見ることは客観的事実を必ずしも否定しない。むしろ視覚装置を媒介にして初めて私たちは客観的事実に触れることができるとハラウェイは主張する。「客観性とは、特定の具体的な具現化の過程に関わるものであって、決して、あらゆる限界や責任を超越することを約束するような偽りの視覚に関わるものではない……部分的な視角のみが、客観的な見方を保証する」（Haraway

1991：190＝2000：363)。この見方をハラウェイは「具現化された（embodied）客観性――状況に置かれた知」と呼び、近代科学の普遍的客観性と区別した。

3　具現化された客観性と科学知

それでは、具現化された客観性（状況に置かれた知）において、科学的知識はどのように生成されると考えればよいのだろうか。ハラウェイは次のように述べているものの、詳しく説明していない。「めざすべきは……世界をよりよく記述すること……さまざまな部分的な眺めやとぎれがちな声を、集団としての主体という位置へと結び合わせていくこと」である（Haraway 1991：196＝2000：376-378)。たとえば、普遍的な客観性を想定せずに私たちはいかにして世界をよりよく記述できるのだろうか。また、多様な立場を取り込むことはどのようにして客観性と結びつくのだろうか。これらの点をポスト実証主義とそれに続くフェミニスト経験主義の議論を通して確認し、状況に置かれた知が提起する新たな科学知を素描して本章を終わりにしたい。

ポスト実証主義

近代の客観性批判は、科学哲学においてすでに展開されてきている。なかでも、実証主義（科学的知識は経験的事実によって実証されたものであるとする見方）はその妥当性が疑問視されてきた。観察者が持つ価値観や理論的前提によるバイアスなど多くの影響があることが、素朴な経験的実証に対して指摘されたのである。そこで近年では、実証という概念を文脈依存的に広く捉え直す議論が試みられてきている。フェミニスト経験主義はその試みの一つである。

フェミニスト経験主義

フェミニスト経験主義は科学哲学の議論を踏まえ、社会的・政治的次元にまで実証性の射程を拡張したポスト実証主義の道を進む。実証主義の限界は、観察と理論や事実と価値の明確な線引きが不可能であることに見出される。しかし、それは裏を返すと、知識とは両者の有機的ネットワークによって形成されることを意味する。ここに、フェミニスト経験主義者はフェミニズム的価値を取り入れた科学実践の可能性を見出す。具体的には、知識の形成主体を個々の科学者ではなく科学者共同体としたうえで、さまざまな価値を「客観性を歪めるバイアス」として斥けるのではなく、むしろ積極的に取り込むことで、多様な仮説を生み出すことができると論じたのである（Anderson 1995；Hundleby 2011）。ハーディングはフェミニズムと経験的実証を相容れないもの――発見の文脈を豊かにするには経験的実証から離脱すべき――と考えたが、ポスト実証主義は両者の融合の道を模索する。その結果、多様な価値が反映された仮説群を対象とした検証プロセスはより堅実で客観的なものになっていく。これこそが、ハラウェイの言う「よりよい世界の記述に向けた（状況に置かれた）知の形成」と考えられるのではないだろうか。すなわち、さまざまな部分的見方を取り入れていくこと――具現化――によって、強固な客観性は生成されていくのである。

併せて読んで！　第2章、第3章、第6章、第13章、Part 3

参考文献

Anderson, Elizabeth (1995) "Feminist Epistemology: An Interpretation and a Defense, "*Hypatia*, 10 (3), pp. 50–84.

Gould, Stephen Jay (1996) *Mismeasure of Man*, W W Norton & Co Inc.

Haraway, Donna (1991) "Situated Knowledge," In *Simians, Cyborgs and Women*, Routledge. (「状況に置かれた知」『猿と女とサイボーグ』高橋さきの訳、青土社、二〇〇〇年)

Harding, Sandra (1986) *The Science Question in Feminism*, Cornell University Press.

Harding, Sandra (1993) *Whose Science? Whose Knowledge?: Thinking from Women's Lives*,". Cornell University Press.

Hundleby, Catherine (2011) "Feminism Empiricism," In S. H. Biber (ed.), *Handbook of Feminist Research: Theory and Praxis* (Second Edition), SAGE Publications.

Keller, Evelyn Fox (1987) "The Gender/Science System: or, Is Sex to Gender As Nature is To Science?" *Hypatia*, 2 (3), pp. 37–49.

Keller, Evelyn Fox (1995) *Reflections on Gender and Science*, Yale University Press.

Keller, Evelyn Fox (2001) "The Anomaly of a Woman in Physics," In M. Wyer, M. Barbercheck, D. Geisman, H. Ozturk, & M. Wayne (eds.), *Women, Science, and Technology: A Reader in Feminist Science Studies*, Routledge.

Lloyd, Genevieve (2002) *The Man of Reason: "Male" and "Female" in Western Philosophy* (*2nd edition*), Routledge.

Longino, Helen Elizabeth & Evelynn Hammonds (1990) "Conflicts and Tensions in the Feminist Study of Gender and Science," In M. Hirsch & E. F. Keller (eds.), *Conflicts in Feminism*, Routeledge.

Merchant, Carolyn (1989) *The death of nature: Women, Ecology, and the Scientific Revolution*, Harper & Row.

Okruhlik, Kathleen (1994) "Gender and the Biological Sciences," *Canadian Journal of Philosophy*, 24 (sup1).

Popper, Karl (1959) *The Logic of Scientific Discovery*, Hutchinson & Co. (『科学的発見の論理』大内義一ほか訳、恒星社厚生閣、一九七一年)

（高江可奈子）

第5章　期待と想像の行為遂行性

科学技術と社会の関係を考えるというと、研究開発の成果として生み出される知識や技術に目が行きがちだが、実際はそれよりも前の段階から科学技術と社会の接点は存在する。そのような接点のなかでも重要なものの一つに、科学技術にまつわる未来像の存在がある。研究開発が始められる際には、結果として何かが起こるという期待が存在する。それは新しい知識が生み出されるということかもしれないし、新しい何かができるようになるということかもしれない。重要なのは提示された未来像が将来実現されるかということよりも、それが提示された時点でどれだけ魅力的に感じられるかということである。提示された未来像が魅力的だと判断されれば、その実現のために研究開発が積極的に推進されることになる。最初に研究を計画した研究者や組織のみならず、ほかからの支援も得られるかもしれない。ここで問題となるのは、何に魅力を感じるかが主体ごとに異なることに加え、そのような他者からの支援を求めてさまざまな未来像が同時並行的に提示されているという事実である。結果として、提示される未来像と研究開発の実践の間には複雑な関係が生じる。そのような関係の理解を目指すのが「期待の社会学（Sociology of Expectations）」という研究領域である。

1　期待の社会学

研究開発を進めるためには、資金だけでなく人材や道具などを含めたさまざまな資源が必要である。そのような資源の確保は、科学技術に関わる重要な活動の一つとして科学論研究のテーマとされてきた。「期待の社会学」は二〇〇〇年頃に、欧州の研究者たち（例、Brown et al. 2000）を中心に議論が本格的に始められたが、それ以前の議論も含め、研究資源の確保と研究領域の醸成という観点から、未来像の提示が持つ意味を理解することが重要である。

研究資源の確保

科学研究や技術開発が、わからないことをわかるようにする、あるいはできないことをできるようにするというように、現状からの変化を目指す以上、その実現のために資源を活用することは未来に向けた投資という意味合いを持つ。そして、投資がなされるためにはまず計画された研究がそれに値するか評価されなくてはならない。評価に際しては、その技術的な実施可能性だけではなく、実施しようとする組織や研究環境の適性も考慮されることになるが、そのような組織や研究環境も研究者にとって所与のものではなく、自身の活動を通じて変わりうるもの、場合によっては変えていくべきものとして理解される（Fujimura 1987）。

そのような変化を生み出すための行為として、まずは研究活動が挙げられる。以前に実施した研究の成果が計画された研究に関わるものであれば、研究者も自分に与えられた時間や資金をその研究に費やす決断が容易になる。また、過去の実績は他者からの信頼の獲得に貢献し、計画された研究の評価を高めることにもつながる（Latour & Woolgar 1979）。ただし、より多くの資源を獲得するためには、単なる研究活動を超えた積極的な働きかけも必要となる。たとえば、研究の核となる技術の簡便化や標準化を進めたり、研究者コミュニティに対して研究の将来性を訴えたりすることで周囲の関心を高め、計画される研究に関わる研究領域を広く活性化させることなどが考えられる（Fujimura 1988）（☞第3章）。

「期待の社会学」では、このような未来像の共有を通じて特定の科学技術に対する期待が高まり、結果としてより多くの資源がその研究に活用できる状況が作り出されていく過程に注目する。この過程では、未来像はそれ自体のみならず、どのような主体がそれに関心を寄せているかも大きな意味を持つ。高く評価された研究に対しては、さらに多くの主体が関心を寄せることとなり、そこに相乗効果を見てとることもできる。そして、高い関心は提示された未来像の実現のために活用できる資源を増やし、研究がより活発に行われることになる。このように、提示された未来像が現在時点においてその実現を前提とした行為を促すことを「行為遂行性（Performativity）」を持つというが、「期待の社会学」は未来についての言説が現在において果たすそのような役割の理解を目指している（山口 2019）。

過去の重要性

「期待の社会学」が注目するのは未来に関わる言説であり、それは現在からの変化として語られるものである。一方で、その議論は過去に目を向けることも要求する。それは、現在が過去にとっての未来だったためであり、過去に提示された未来像が現在までにどの程度現実のものとなったのかについての理解が、現在提示されている未来像の評価にも影響を与えるためである（Brown & Michael 2003）。ただし、そのような過去と現在との差の理解が、未来への期待に対してどのように影響するのかは事例ごとに検証する必要がある。

一つの理由としては、過去といってもどのくらい時間を遡り、どのような観点に注目するかによって、その内容が大きく変わることが挙げられる。どのような過去が引き合いに出されるかは、未来についての言説に依存して決まってくるのである。そして、過去の姿が提示された未来像と関連して選択的に捉えられるのだとすれば、未来に関わる言説の現在的な役割を分析するうえで、過去と現在の差の理解についても批判的な検証が必要ということになる。これを示す例として、現在「第三次ブーム」を迎えているといわれる人工知能研究がある（☞第14章）。このような言説は過去に二度のブームがあったことを前提とするが、そのことによって人工知能が一九五〇年代から研究者たちが関心を寄せてきた研究領域であることが示唆されるのと同時に、以前のブームが終わったときとは違う新しい状況が生じている現在だからこそあらためてこの領域に注目すべきことが強調される。このように、過去の理解が未来への期待に対して与える影響は、両者の関係がどのように構築されるかに大きく依存している。

期待を操る技術

提示された未来像の評価を高めるように過去の理解が構築されうるのと類似して、研究開発への投資拡大を目指して期待を操ろうとする手法はさまざまあり、そのなかには頻繁に活用されるものもある。

典型的な例として挙げられるのは、「X・○」などの表記である。これは対象が新しいバージョンに改訂されたことを表す手法であり、一九九〇年代に情報通信技術が普及していくなかで定着したと考えられるが、前のものが新しいものに置き換えられようとしていることを意味する表記として広く使われている。単純にXの値を大きくすることで同じ手法が繰り返し活用できるのみならず、人工知能研究にみられるような「第○次」という区分けと異なり、過去に研究開発の流れが下火になっていることを含意しないため、過去の問題について説明を提示する必要もなく、新しさを強調するだけで変化を印象づけることができるという点でも使いやすい手法と考えられる。

これに対してどちらかというと期待を高めることよりも維持することに主眼が置かれて活用されるのが、アメリカのコンサルティング企業ガートナー社が提案した先端科学技術の「ハイプ・サイクル」だろう。この概念では、科学技術に対する期待の度合いが急速に高まる黎明期に始まり、過剰ともいえる大きな期待・熱狂（ハイプ）が寄せられる流行期、急速に関心が薄れていく幻滅期、堅実な内容の期待に絞られていく回復期、そして期待が稔り始める安定期という五つの期間にわたって変化すると説明される。科学技術の研究開発の過程で期待が乱高下することを一般的な現象として捉えることを促し、さらに継続的な投資が将来的には報われるという約束を示唆することで、期待が薄れていく難しい時期にあってもその科学技術に対して一定の投資を維持させる役割を果たす。

2　未来を提示する主体

「期待の社会学」が未来に関わる言説の現在における役割に注目するのは、それが科学技術の研究開発を進めるうえで不可欠な資源の確保に関わるという理由だけでなく、そのような言説を提示する主体がさまざまに存在しており、結果として言説どうしの間に複雑な関係が生み出されていることにも起因している。主体ごとの言説の提示の仕方やその動機について理解しておくことで、その関係を紐解く糸口をつかむことが可能である（山口 2019）。

研究開発の実施者による未来の提示

研究開発を計画する研究者が、その先に待つ未来の姿を提示する重要な媒体は研究計画書であり、それは直接的に研究開発を実施するための資源の獲得を目指したものである。ただし、そのような文書は限られた人たちの目に触れるのみで、特定の科学技術に対する期待の醸成という観点からは、提示された未来の言説が大きな影響力を持つとは考え難い。むしろ、学会発表や学術論文などとして研究成果が発表される際に研究の目的として述べられる内容や、研究領域の動向を説明するレビュー論文、あるいは市民公開講座などでの一般市民に向けた解説など、自身の研究を広く社会的な文脈のなかに位置づける際に提示される未来像のほうが影響力は大きいと考えられる。ただし、その研究開発を実際に行うという立場上、提示する未来像があまりに現状とかけ離れたものとして受け取られた場合には他者からの信用を失うリスクもあり、現在からの変化を小さく現実的な範囲に留めようとする傾向がある。

これに対して、同じく研究開発を計画する主体であっても、企業の場合にはその様相は異なってくる。企業では研究開発への新たな投資に関して株主への説明責任があり、結果として何が期待されるのかを明確に提示する必要がある。また、提示する未来像の評価を高めるためには、前述のように他者がその未来像に関心を寄せていることも重要であり、同じ未来像が社外にも積極的に提示されることが多い。さらに、ベンチャーキャピタルなどで資金を賄うスタートアップ企業の場合には、より多くの資金を確保するために、時として過剰なほどに期待を抱かせようとする姿勢も見受けられる。特に、まだ販売できる製品やサービスを持たず投資に頼って事業を成り立たせている状況では、積極的にプレスリリースを行うことで期待の醸成・維持を試みる姿勢がうかがえる。たとえば、大学の研究者との共同研究の開始や政府の公募型研究助成プログラムへの採択などの実績も、提示する未来像への関心の高さを示す指標になることから、頻繁にその情報が発信される。また、企業にとっては社会のなかで膨らむ期待の矛先が自分たちに向けられていることが重要であり、他社との差別化を図る必要性からも、提示する未来像が現在からの革新的な変化を示唆する内容であることも多い。

研究開発の支援者による未来の提示

科学技術にまつわる未来像を提示する主体は、研究開発を計画し実施する立場にあるとは限らない。これは、資源を使う側だけでなく、資源を提供する側もその妥当性についての説明責任を果たす必要があるためである。私設の財団などであれば、その設立趣旨と整合性が取れていることが重要となるが、組織の社会的な意義を強調するために支援する事業がもたらす未来についての言説が提示されることも多い。また、私設の財団のなかには、アメリカのゲイツ財団（Gates Foundation）やイギリスのウェルカム財団（Wellcome Trust）のように大きな影響力を持つものも存在する。それでも、資源を提供する側として特に重要な位置づけにあるのはやはり行政だろう。行政が提供する資源は、理念としては市民に帰属するものであり、行政はその配分を決めているに過ぎない。また、それは研究開発以外の活動にも配分可能という前提があり、資源配分に対して行政は大きな説明責任を負っている。だからこそ、行政は研究開発に限らず、資源の活用により何が実現されるのかを調査報告書やロードマップなどとして市民に対して積極的に提示する。さらに、ガイドラインや規制の整備を通じて、提示された未来像がより実現しやすい社会環境を直接的に提供することも可能である。

行政が提示する未来像に関しては「期待の社会学」の枠組みを越えて関心が持たれている。その理由として、提示する未来像が科学技術を中心に据えるのではなく、むしろ国家という共同体のあり方を提示するものであり、そのなかで科学技術の未来が国家の未来と重ねられているという点が挙げられる。すでに述べたように、提示された未来像の評価には過去の理解も重要であり、共同体の歴史が科学技術と関連する形で描かれることで、科学技術の社会的な位置づけが強調されるとともに、国家のアイデンティティの強化という役割も同時に果たすことになる。このことを強調する概念としては、シーラ・ジャザノフとサン＝ヒュン・キムがアメリカと韓国の原子力政策の比較分析を通じて提案した「社会技術的想像（Sociotechnical Imaginaries）」がある（Jasanoff & Kim 2009）。また、公的な研究開発のほとんどが政府の助成金により賄われている日本のような状況では、行政が提示する未来像の影響力が非常に大きくなるという理由もある（Mikami 2015）。

期待のエコシステム

　分配される資源が限られている以上、研究開発を実施しようとする主体は他の主体と競争関係にあり、提示される未来像もその競争を反映することになる。一方、資源を提供する側も、その説明責任を果たすという観点から、やはり科学技術に関わる未来像を提示する。結果として同時代的にさまざまな未来像が提示されるが、それらは独立に存在するのではなく、時には信憑性を高めるために意識的に他の未来像と協調する形で未来が語られたり、資源の再分配を促すために他の未来像を否定したりと、科学技術に対する多様な期待が相互作用を持った一つのエコシステムを形成していると理解できる。だからこそ、どのような未来像がどう評価されているかを知ることは、科学技術が組み込まれている複雑な社会構造を理解することにつながるのである。

　また、これまであまり注目を浴びてこなかった存在として、科学技術の倫理的・法的・社会的課題（ＥＬＳＩ）について検討を行う人文社会科学の研究者も忘れてはならない（☞第10章）。その活動の内容は、第三者的な視点から科学技術がもたらすだろう未来について人間文化としての妥当性を検証するものであり、その影響もやはり期待のエコシステムを考えるうえでは考慮されるべきだろう（見上2022）。さらに、近年欧米を中心として議論されている「責任ある研究・イノベーション（ＲＲＩ）」という考え方では、社会全体として未来に対する責任を共有すべきことが強調されている（☞第10章）。そのような考え方を推し進めていくうえでは、提示されている未来像がどのくらい多様な価値観を反映しているかという観点が指標の一つになるかもしれない。

3　実験的な未来像の提示

　ここまで研究開発に必要な資源の確保を目的とした未来像の提示についてみてきたが、科学技術に関する未来像はそれ以外の目的でも提示されることがある。そのなかでも、サイエンスフィクションやスペキュラティブアートと呼ばれるような、人々の価値観を問うことを目的に可能性のある未来像をイメージしやすい媒体を通じて提示する手法が、近年注目を浴びている。サイエンスフィクションは文学の一つのジャンルであり、古くは小説『フランケンシュタイン』に代表されるように、科学技術の発展が一般的には前向きに捉えられてきたことを反映し、あえてディストピアを描くものが多かったが、より中立的な物語を描くことで望ましい未来のあり方を考える機会を提供する試みもなされている。また、未来像を芸術作品として形にするスペキュラティブアートでは、特に一九九〇年代以降急速な発展を遂げてきたバイオテクノロジーと関連したバイオアートの展開がめざましい（マイヤーズ 2016）。二〇〇〇年代中頃に、合成生物学と呼ばれる生命をデザインすることを目指した生物学への構成的アプローチが登場したことも、バイオテクノロジーとアートの親和性を高めることに貢献した（☞第19章）。このような文化的なメディアを用いた未来像の提示については、研究開発を実施あるいは支援する主体からも強い関心が寄せられており、今後積極的な活用の事例も増えると予想される。

併せて読んで！　第10章、第11章、Part 3

参考文献

Brown, Nik, & Mike Micheal (2003) "A Sociology of Expectations: Retrospecting Prospects and Prospecting Retrospets," *Technology Analysis & Strategic Management*, 15 (1), pp. 3–18.

Brown, Nik, Brian, Rappert & Andrew Webster (2000) *Contested Futures: A sociology of prospective techno-science*, Ashgate.

Fujimura, Joan H. (1987) "Constructing 'Do-able' Problems in Cancer Research: Articulating Alignment," *Social Studies of Science*, 17 (2), pp. 257–293.

Fujimura, Joan H. (1988) "The Molecular Biological Bandwagon in Cancer Research: Where Social Worlds Meet," *Social Problems*, 35 (3), pp. 261–283.

Jasanoff, Sheila & Sang-Hyun Kim (2009) "Containing the Atom: Sociotechnical Imaginaries and Nuclear Power in the United States and South Korea," *Minerva*, 47 (2), pp. 119–146.

Latour, Bruno & Steve Woolgar (1979) *Laboratory Life: The Construction of Scientific Facts*, Princeton University Press.（『ラボラトリー・ライフ――科学的事実の構築』立石裕二・森下翔監訳、ナカニシヤ出版、二〇二一年）

Mikami, Koichi (2015) "State-Supported Science and Imaginary Lock-in: The Case of Regenerative Medicine in Japan," *Science as Culture*, 24 (2), pp. 183–204.

マイヤーズ、ウィリアム（2016）『バイオアート――バイオテクノロジーは未来を救うのか』久保田晃弘監修／岩井木綿子ほか訳、ビー・エヌ・エヌ新社。

見上公一（2022）「科学技術への人文・社会科学の関与の意味について――期待の社会学の視点から」『慶應義塾大学日吉紀要社会科学』三三、五一―六五頁。

山口富子（2019）「未来の語りが導くイノベーション――先端バイオテクノロジーへの期待」『予測がつくる社会――「科学の言葉」の使われ方』東京大学出版会。

（見上公一）

第6章　無知学／アグノトロジー

科学は現代社会における知識（knowledge）の主要な生産者である。それゆえ科学史や科学哲学においては、科学的知識がいかに作られ、正当化されてきたかが研究の主要なテーマとされてきた。しかし科学は知識を作り出す一方で、実は無知（ignorance）を作り出すことにも加担してきたのではないか。「無知」には単に知識を欠いた状態から、疑念（doubt）や不確実性（uncertainty）によって知識が確実でない状態までもが含まれる。この無知を主題化し、それが歴史的にいかに作られてきたかを探究するのが、無知学またはアグノトロジー（agnotology）と呼ばれる新しい研究領域である。

無知学は二〇〇〇年代に科学史家のロバート・プロクターらによって提唱されて以来（Proctor & Schiebinger eds. 2008）、科学史の分野を超えた広がりをみせてきた[1]。本章では、生来の無知、意図的な無知、非意図的な無知といった無知学における無知の基本的な類型をみたのち、有徳な無知、ジェンダード・イノベーションといった無知学の応用可能性について、それぞれの背景や具体例とともに検討する。

1　生来の無知――欠如から資源へ

無知と聞いて最初に思い浮かべられるのは、まだ知らないこと、すなわち知識の欠如としての無知だろう。それは人々が生まれつきそうであり、やがて知識を得ることで克服されていくような無知である。科学史は一般に、このような生来の（native）無知を人類が克服してきた歴史としてイメージされることが多い。

しかし見方を変えると、科学はまだ知らないことがあるからこそ発展できるともいえる。科学社会学者のロバート・マートンは「特定された（specified）無知」こそが科学研究の資源であると喝破した（Merton 1987: 6–10）。科学者は、何がまだ知られていないのかを特定できて初めて、それを知るために問いを立て、研究を始めることができる。しかも、発見はつねに新たな問いを生じるため、無知は科学研究によって減少するどころかますます増加してゆく。この意味で「無知こそ科学の原動力」なのであり、そのプロセスに終わりはないのである（Firestein 2012＝2014）。

2　作られた無知――無知の社会的構成

一九八〇年代には、（自然）科学的な知識ですらも社会のさまざまな相互作用のなかで作られるとする「知識の社会的構成」の考えを中心とした、科学的知識の社会学（ＳＳＫ）と呼ばれる潮流が隆盛した。社会学者のマイケル・スミスソンは、この考えを無知にも適用して「無知の社会的構成」を唱えた[2]（Smithson 1985）。無知学は、プロクターによってこの考えが歴史研究に応用されたときに始まったといえる。それは私たちの無知を「作られた無知」とみなし、その要因を歴史学的に探究するものである。

意図的な無知

無知が作られる原因はさまざまだが、大きく分けて、それが意図的に作られる場合と、意図せずして作られる場合との二つがある。まず意図的な無知の古典的な事例としては、プロクターによるアメリカのタバコ産業の研究が挙げられる。プロクターは医学がこれだけ進歩してもがんがなくならないのはなぜかを考察し、がんの主要な原因であるタバコやアスベスト、石油化学製品などの健康リスクについての無知が、業界団体の関与によって積極的に作られ、さらには維持されてきたことを明らかにした（Proctor 1995＝2000）。とりわけタバコ業界の手法は洗練されていた。彼らはタバコ以外の発がん性物質の研究を助成してタバコの害から世間の目を逸らせようとしたり、タバコの発がん性を示す証拠の不確実性を強調して「さらなる研究」を要求することで規制を逃れようとした。そこには業界から直接・間接に資金提供を受けた科学者たちも少なからず関与していた。

さらにこの「タバコ戦略」は、その後さまざまな対象に応用された。酸性雨やオゾンホール、地球温暖化などについての懐疑論や否定論は、それらに関する主流の科学的見解に異を唱える少数の科学者たちのキャンペーンによって作られてきたことが知られている（Oreskes & Conway 2010＝2011）。それらの科学者は石油業界から資金提供を受け、環境保護の必要性を示すあらゆる科学的根拠に対して疑念を投げかけ、広めようとした。その際彼らはメディアの「公平の原則」をうまく利用した。マスメディアでは二つ以上の仮説がある場合、中立性を重視してそれらを「公平に」報道する原則があるため、人々の目には科学的事実がまだ明らかになっていないという（誤った）印象を与えることになる。業界団体は自らの利益に反する事実に関し、このようにメディアや科学自体の性質を利用しつつ、人々の無知を作り出してきたのである。

非意図的な無知

しかし無知は必ずしも特定の誰かによって科学が「逸脱」させられたときにのみ生じるのではない。科学が「正しく」行われた場合でも、意図されぬ副産物として無知は作られることがある。こうした非意図的な無知を代表するのが、科学史家のロンダ・シービンガーによる民間の中絶薬の事例である。シービンガーは、ヨーロッパ諸国が植民地からさまざまな有用植物の知識を取り入れるなかで、原地の先住民や奴隷たちが中絶薬として用いていた薬草（オウコチョウ）の知識がヨーロッパに伝わらなかったのはなぜかを考察した（Schiebinger 2004＝2007）。この植物の存在はヨーロッパの博物学者たちによって報告され、その美しい花は本国でも鑑賞の対象となってはいた。しかし、重商主義のもと人口増加（すなわち女性の妊娠・出産）を奨励していた当時のヨーロッパにおいて、その中絶薬としての効能は医師たちの優先的な研究対象とはならなかったという。こうして、誰かがあからさまに禁じたわけではないにもかかわらず、社会通念が治験や開発の障壁となり、一つの中絶薬が知られずに終わったのである。

非意図的な無知は一般に、科学研究のための資源（人材や資金、時間など）が有限であるために生じる。

すなわち何かを探究することは別の何かを探究しないことなのであり、また探究の過程でも、問いの立て方から方法論の選択に至るまで、さまざまな取捨選択が行われる。そしてそれらの取捨選択には、研究者個人の価値観や社会的立場、さらには研究チーム（ひいては科学者集団全体）のジェンダー・バランスや市民参加の度合いなどが無意識に反映されてしまうのである（Kourany & Carrier eds. 2020: 11–16）。

ここで、意図的な無知と非意図的な無知が必ずしも互いに排他的ではないことには注意が必要である。上記の例でいえば、中絶薬に関するヨーロッパ人たちの無知は、植民地の奴隷たちがその秘密をあえて彼らに教えようとしなかったことによっても作られている。また、タバコ業界から助成を受けた科学者たちは、必ずしも業界の意図を理解し、支持して研究を行ったわけではなかっただろう。無知はさまざまな思惑や事情が複雑に絡み合って構成されるのであり、つねに多面的にその要因を分析することが重要である。

誰の（ための）無知なのか

無知学の背景には上述の社会構成主義に加え、フェミニズムや批判的人種理論の議論がある。それらは知識が知る者（knower）の社会的な立場によっていかに条件づけられているかを明らかにしてきた（cf.「状況に置かれた知」☞第4章）。このことはまさに無知にも当てはまる。無知も知識と同じように「状況に置かれて」いるのである[3]。

従来の認識論・科学哲学は、基本的に知識とそれによる利益の帰属先を不問に付してきた。しかし無知学においては、誰が知り、誰が知らないのか、それによって誰が利益を得、誰が不利益を被るのかを問うことがきわめて重要な意味を持つ（Proctor & Schiebinger eds. 2008：26）。この「誰」には科学者、政財界のエリート、一般市民、社会活動家など、社会のあらゆる構成員が入りうる。無知は必ずしも権力を持たない人々の側だけにあるわけではない。タバコの事例のように、科学者や企業のトップは知っているが一般市民は知らされていない場合もあれば、反対に中絶薬の事例のように、植民地の人々は知っているがヨーロッパの科学者たちが知らない場合もある。また次節でもみるように、無知は必ずしも知らない者（unknower）の不利益となるばかりではない。このように、無知とその働きを複眼的かつ柔軟に捉えることが、無知の社会的機能を理解するうえではきわめて重要である。

しかし、そうはいってもやはり、無知は権力を持たない人々の側により多くあり、それがしばしば彼らに不利益をもたらしているという事実は見過ごされてはならない。現在、フェミニズムや反人種主義の盛り上がりを背景に、歴史学においてさまざまな形で従来の西洋中心的ないし白人男性中心的な歴史記述の見直しが求められている。無知学もまた、知識中心的（そして科学者中心的）なこれまでの科学史記述への異議申し立てとみることもできるだろう。さらに無知学のこうした視点は、往々にして知識の伝達のみに着目してきた従来の科学コミュニケーション論（☞第7章）などにも見直しを迫るものであるといえる。

3　無知学の応用

最後に、これまでもっぱら分析概念として扱ってきた「無知」の応用可能性についてみておこう。上述のとおり、無知の資源としての有用性という視点は早くからあった。しかし近年、無知学の蓄積を踏まえてより積極的な無知の生産あるいは解消が試みられている。

有徳な無知

意図的にせよ非意図的にせよ、作られた無知はもっぱら知らない者の不利益と結び付けられてきた。しかし無知を作り出すことがむしろ利益を生む可能性もプロクターによって指摘されている。この有徳な（virtuous）無知の概念をさらに展開したのが科学哲学者のジャネット・クラーニーらである。クラーニーらによると、「有徳な無知とは、研究において何らかの価値を採用した結果、「知らないこと」が意図的に受け入れられたときに生じる無知のことである」（Kourany & Carrier eds. 2020：9–10）。

たとえば、新種のインフルエンザ・ウイルスの製法が発見された場合、その成果は直ちに公表されるべきだろうか。公表されれば、そのウイルスの自然発生に備えたワクチン開発の有益な資源となりうる一方で、テロリストに生物兵器として悪用されるおそれもある。また、性差別や人種差別につながりかねない知能の性差・人種差の研究は制限されるべきだろうか。制限すれば、たしかに差別を助長する研究は少なくなる反面、差別の解消に資するような発見の機会も失われてしまうかもしれない。このように科学研究によって人々の安全や平等が脅かされるといった倫理的懸念がある場合、研究の自由よりもそれらの価値を優先して研究を規制すべきだとするのが有徳な無知の基本的な考え方である。

しかしこの提案にはまだ多くの課題がある。それが研究から得られるはずの利益の芽をも摘み取ることである以上、誰が、どのような基準に基づいて、研究のどの段階で規制をするのか——研究自体を規制するのか、それとも成果の公表や応用だけを規制するのか――といった点は慎重な検討を要するだろう。そこでは上記のインフルエンザ・ウイルスの例のように、科学技術のデュアルユース性（☞第9章）が問題になる場合も少なくない。今後、研究倫理や責任ある研究・イノベーション（ＲＲＩ）（☞第10章）など、応用倫理学や科学技術社会論（ＳＴＳ）の蓄積を踏まえた多角的な議論が望まれる。

ジェンダード・イノベーション

もっとも社会実装の進んだ無知学の応用例として、シービンガーの創始したジェンダード・イノベーション（Gendered Innovations：ＧＩ）がある。ＧＩとは研究開発の上流にセックス／ジェンダーの視点を組み込むことで、生み出される知識やテクノロジーがバイアスや不公正さを体現することを未然に防止するのみならず、既存の知識やテクノロジーの問題の所在を特定することで、イノベーションを創出しようとする試みである。すでに欧州委員会（ＥＣ）や米国国立科学財団（ＮＳＦ）などの協賛を得て世界的に展開され、欧州委員会の「ホライズン二〇二〇」や日本の「第六期科学技術・イノベーション基本計画」（二〇二〇年）など各国の科学技術政策に採用されている。

よく知られたＧＩの事例には以下のものがある（シービンガー 2017）。男性の身体をモデルとして作られた従来型のシートベルトは、衝突事故の際に妊婦の腹部を圧迫するため、毎年多くの胎児の死亡を招いている。そこでセックス（性別）を考慮した、妊婦と胎児にとって安全なシートベルトの開発が求められる。またGoogle 翻訳などの機械翻訳は、性別のわからない主語を「彼（he）」と訳す傾向がある。これは行為主体に男性が多いというデータベース上の偏りをアルゴリズムが「学習」した結果であり、ジェンダー・バイアスを助長するおそれがある。そこでより公正なアルゴリズムの開発が期待される。このようにGIはセックス／ジェンダー分析により科学技術に潜むバイアスを特定することで、それらを防止するようなイノベーションを生み出そうとするのである。

近年、シービンガーはGIに交差性（インターセクショナリティ）の観点を取り入れてその射程をさらに広げようとしている。交差性とは、セックスやジェンダーのみならず、人種や民族、障害、年齢、社会的経済的地位などの複数のマイノリティ性が交差することで生じる、より深刻な差別や抑圧を意味している。交差性分析を導入することで、GIは科学技術のさらなる卓越性と公正さの実現をはかっているのである[4]。

このように、作られた無知という視点から従来の科学史・科学哲学に再考を促し、社会における知識と無知のあり方やその働きをより包括的に理解しようとする試みとして無知学は展開してきた。私たちが知らないことの歴史性や政治性、そしてそこにおける科学（者）の役割を問い直すことを可能にする無知学は、今日の「科学技術と社会」を考えるうえで私たちにきわめて重要な知見を提供してくれるだろう。

併せて読んで！　第4章、第7章、第9章、第10章

（1）この学際的な広がりは「無知研究（ignorance studies）」と総称されることもある（cf. Gross & McGoey eds. 2022）。なお、本章ではもっぱらプロクターら以降の歴史学的な潮流を扱う（その他の潮流については以下の注2、3を参照

のこと）。

（2）　この考えの延長上に、無知のさまざまな戦略的利用を考察する「無知の社会学」が展開されている（cf. 小松 2017）。

（3）　この考えの延長上に、無知のさまざまな状況依存性（situatedness）を考察する「無知の認識論」が展開されている（cf. Sullivan & Tuana eds. 2007）。

（4）　GIに関する最新の情報は以下のウェブサイトでみることができる。https://genderedinnovations.stanford.edu（最終アクセス日二〇二三年八月十八日）

参考文献

Firestein, Stuart（2012）*Ignorance: How It Drives Science*, Oxford University Press.（『イグノランス――無知こそ科学の原動力』佐倉統・小田文子訳、東京化学同人、二〇一四年）

Gross, Matthias & Linsey McGoey (eds.)（2022）*Routledge International Handbook of Ignorance Studies*, 2nd ed., Routledge.

Kourany, Janet & Martin Carrier (eds.)（2020）*Science and the Production of Ignorance: When the Quest for Knowledge is Thwarted*, The MIT Press.

Merton, Robert K.（1987）"Three Fragments from a Sociologist's Notebooks: Establishing the Phenomenon, Specified Ignorance, and Strategic Research Materials," *Annual Review of Sociology*, 13, pp. 1–28.

Oreskes, Naomi & Eric M. Conway（2010）*Merchants of Doubt: How a Handful of Scientists Obscured the Truth on Issues from Tobacco Smoke to Global Warming*, Bloomsbury.（『世界を騙しつづける科学者たち』福岡洋一訳、楽工社、二〇一一年）

Proctor, Robert N.（1995）*Cancer Wars: How Politics Shapes What We Know And Don't Know About Cancer*, Basic Books.（『がんをつくる社会』平澤正夫訳、共同通信社、二〇〇〇年）

Proctor, Robert N. & Londa Schiebinger (eds.)（2008）*Agnotology: The Making and Unmaking of Ignorance*, Stanford University Press.

Schiebinger, Londa（2004）*Plants and Empire: Colonial Bioprospecting in the Atlantic World*, Harvard University Press.（『植物と帝国――抹殺された中絶薬とジェンダー』小川眞里子・弓削尚子訳、工作舎、二〇〇七年）

Smithson, Michael（1985）"Towards a Social Theory of Ignorance," *Journal of the Theory of Social Behaviour*, 15（2）, pp. 151–172.

Sullivan, Shannon & Nancy Tuana (eds.)（2007）*Race and Epistemologies of Ignorance*, SUNY Press.

小松丈晃（2017）「〈無知〉の社会学――無知の戦略的利用について」『現代思想』四五（六）、二二〇―二三二頁。

シービンガー、ロンダ（2017）「自然科学、医学、工学におけるジェンダード・イノベーション」小川眞里子訳、『学術の動向』二二（一一）、一二―一七頁。

（鶴田想人）

Part 2 テーマ編

第7章　科学コミュニケーション

近代科学の起源は一五〇〇年から一七五〇年にかけてのいわゆる「科学革命」にある。この時期になされた数々の革新的な発見を通じて、科学は諸学のなかでも独自の位置を持つものとなった。「科学者scientist」という英語の造語が十九世紀に登場したことにも象徴されるように、科学は独立した学問分野としての地位を確固たるものとしてきた。

このように科学の専門家（以下「科学者」）と非専門家の間の境界線が判明になっていくと同時に、科学は社会や政治のあり方、人々の日常生活に対する影響力も時代とともに強めていった。特に二十世紀後半以降には公害、原子力、地球温暖化などの問題をはじめとして、人工知能、ゲノム編集、感染症対策といったさまざまな領域で、科学は社会と密接に関係するようになる。科学についての情報や知識は社会のあるべき姿を見定めるために重要なものとなったのだ。

かくして、科学者と非専門家の間の境界線は見過ごせないものになる。というのも、この境界線は、自由で平等な市民の話し合いによる意思決定という近代民主主義の理念・制度を揺るがすものだからだ。大多数の非専門家（人民・市民・公衆）が意思決定の判断基準とする科学的知識を、ほんの一部の科学者だけが持っているという状況が生じたのである。

そこで、科学技術の知識や情報を伝え、科学（者）と社会の間のコミュニケーションを促進する「科学コミュニケーション（ＳＣ）」の活動が求められるようになる。ＳＣの実践を担う人材は「科学コミュニケーター」と呼ばれ、市民と研究者の橋渡しを現場レベルで行っている。以下では、まず、ＳＣの成立史を簡単に振り返り、四つの基本的なモデルを概観する。その後、日本国内のものを中心としたＳＣの実践例をみていく。そして、これまでの実践に対する批判をみるなかで、「共生成」に基づくＳＣの見方（生成モデル）を紹介する。

1　SCの創成と四つのモデル

科学と社会のよりよい関係は第二次世界大戦後に特に重要視されるようになった。その議論のいまにつながる鏑矢の一つとして、一九八五年にイギリスのロイヤル・ソサイエティがまとめた報告書「科学を公衆に理解してもらうために（The Public Understanding of Science）」（議長の名前をとって「ボドマー・レポート」と呼ばれる）が挙げられる。報告書は、公衆の科学理解の不足を指摘し、理解増進の必要性を謳った。

一方で、イギリスでは、一九八〇年代から牛海綿状脳症（ＢＳＥ）感染牛が確認されていた。政府は科学者専門委員会の報告に基づいて、人間へのＢＳＥ感染の危険性が少ないことが科学的に証明されたかのように報じる。実際には、さらなる研究が不可欠だという不確定性を強調した報告を専門委員会は提示していたのだが、そうした部分は無視され、農業漁業食料庁は牛肉の安全性をアピールする活動に出た。一九九六年に政府は一転してＢＳＥの人間への感染の可能性を認め、これをきっかけに政府や科学者に対する公衆の信用は損なわれていく。

ＢＳＥの事例を一つの契機とする科学への信頼の低下を受けて、上院科学技術院勧告「科学と社会」が二〇〇〇年に出される。そこで強調されたのは、科学に対する公衆の信頼を「対話」によって回復させようという方針であった。こうした科学と社会の関係に関する議論は四つのモデルに特徴づけられる形で展開されてきた（藤垣・廣野編 2020：109–124）。

欠如モデル（Deficit Model）

勧告「科学と社会」によれば、「ボドマー・レポート」には以下の「暗黙の前提」があった。公衆の科学への信頼の低下は彼らの科学的知識の少なさに由来している、したがって、公衆の科学的知識を増やすことができれば、科学への信頼は高まるはずだ。この態度は「欠如モデル」と呼ばれる。欠如モデルに基づいた理解増進活動には、科学的知識の欠如した非専門家に対して科学者が専門的知識をトップダウンで与えるという一方向的な情報伝達に依拠する態度があるといわれてきた（杉山 2007）。

文脈モデル（Context Model）

では、公衆の科学的知識はいかにして形成されるのか。この疑問に答えるのが文脈モデルである。文脈モデルによれば、公衆は、ただ科学的知識を受け取るのみならず、日常生活や社会的な文脈においてそれらの知識がどのような位置を持つのかを把握することを通じて科学的知識を受容していく。つまり、公衆は、専門家からの科学的知識の提供によってのみならず、自分の日常生活の知恵や、職業柄持っている独自の知識（ローカルノレッジ）に基づいて、科学的知識を受容し、科学と社会の問題に対応する知を形成していく。

素人の専門性モデル（Lay-Expertise Model）

素人の専門性モデルにおいては、文脈モデルと同じく、各々の文脈に応じた知に基づいて科学と社会の問題に対応できるものとして、非専門家（素人）が捉え直される。そして、専門家から非専門家へという一方向的な情報の伝達のみならず、両者の間の双方向的な情報のやりとりも軽視されるべきではないとされる。というのは、科学の問題に対応することに資する情報を、特定の文脈に即した形で、非専門家も持っているかもしれないからだ。

市民参加モデル（Public Engagement Model）

素人の専門性モデルに基づくと、公衆は科学を理解するだけではなく、科学の問題を考える場に参与して、その問題への対処法を導く主体となりうるだろう。これが、「公衆の科学理解（ＰＵＳ）」から「公衆の科学技術への関与（Public Engagement with Science and Technology：ＰＥＳＴ）」へという流れを形づくる。このように、市民参加モデルでは、科学をめぐる問題の意思決定の過程に非専門家である公衆も積極的に参与すべきであるとされる。

これらの議論を経由して、科学者から公衆へという科学的知識の一方向的な伝達、トップダウンの意思決定が批判的に検討されるようになり、科学者と公衆の双方向的な対話、公衆の側からのボトムアップの意思決定が重視されるようになった[(1)]。以下では、これらのモデルを背景にした、日本を中心としたSCの実践例に目を向けてみよう。

2　国内のSCの実践

日本においても、科学教育などの分野で、SCの実践・研究は行われてきた。たとえば、二〇〇〇年代にはサイエンスカフェという手法が注目を浴び、その実践が試みられてきたという経緯がある。サイエンスカフェはコーヒーやビールを片手に科学に関する話題を専門家と市民が気軽に話し合うことのできる場を提供するSCの実践であり、人数や形式、対象者などにさまざまなものがある。日本の典型例としては、特定分野の専門家をゲストに呼び、喫茶店などの開かれた空間で市民と科学者が（対等な立場で）語り合うというものである。

こうした動きを背景にしながら大きな転回点を迎えた二〇〇五年は日本における「SC元年」と呼ばれる。この年、科学コミュニケーター養成機関が東京大学・早稲田大学・北海道大学の三か所に設置されるなど、SCをめぐる制度的展開や実践が国内で本格的に始まる（標葉 2020：109–112）。その重要な取り組みとして「参加型TA（テクノロジーアセスメント）（Participatory Technology Assessment）」（☞第11章）がある。TAとは専門家に限られない多様な人々の観点から科学技術の社会的影響を予測・評価しようという活動である。参加型ＴＡは、一般市民による対話を取り入れるという点で市民参加モデルの実現を目指したＳＣの実践であり、科学技術と民主主義の関係を再考、再構築するための社会的な実験という位置を持つ。

参加型ＴＡの背景

ＴＡに根差した対話の実践は「アップストリーム・エンゲージメント」という考えを背景にしている。科学技術が社会実装される段階を川下（ダウンストリーム）で水が海へと流れ出していくこと、それ以前の研究開発の初期段階を上流（アップストリーム）での水の流れにたとえており、「上流工程からの参加」とも訳される。つまり、研究開発の萌芽期に当たるフェーズから多様な人々の観点に基づいて科学技術の社会的影響を予測したうえで、そこで提案された考えを技術の開発へとフィードバックさせていこうという考えである。とはいえ、市民全員を一所に集めて意見を収集することは不可能だろう。そこで、「ミニ・パブリックス」という手法が参加型ＴＡではとられる。それは、十数人から数百人の市民を選択的に集めて、いわば「社会の縮図」を形成するという方法である。以下で実践例を紹介する。

コンセンサス会議（Consensus Conference）

コンセンサス会議では、新聞や広告などで十五〜二十名ほどの参加者を募り、年齢・性別・社会的属性などをバランスよく配分したミニ・パブリックスを形成する。そして、三日から四日程度に及ぶ本会議での会合を通して、専門家からの情報提供や、専門家と参加者の質疑、参加者どうしの討論などが行われる。そして、そこでの話し合いの内容を反映させたコンセンサス文書を作成・公開するというアウトプットが目指される。

国内においては、遺伝子治療、高度情報社会・インターネット、遺伝子組換え作物の栽培、ナノテクノロジーの食品への応用などについてコンセンサス会議が行われてきた。大学などの研究組織に限られない、官民連携の試みもある（三上 2010）。

討論型世論調査（Deliberative Polling）

討論型世論調査では、無作為抽出の手法を用いて、二百名以上の市民から成る大規模なミニ・パブリックスが形成される。配布された資料に参加者は事前に目を通し、その情報提供に基づいて、小グループでの討論や専門家や政策担当者との質疑が行われる。この三日程度の会合における複数回のアンケート調査に基づいて、参加者の意見の変化が調べられる。

国内においては、BSE、エネルギー・環境問題、高レベル放射性廃棄物の処分をテーマにした討論型世論調査が実施されている。実際に、政府のエネルギー戦略に影響を与えたこともあり、注目に値する成果といえるだろう（種村 2018：236–237）。

3　共生成（co-production）としてのSC

上記のさまざまな市民参加、双方向的な対話の実践が二〇〇〇年代に行われた。しかし、これらの実践は、一つの学問分野として専門家によって営まれるものという位置を持つ傾向があることは否めない。こうした反省を活かして、これまで以上に多様なステークホルダー（利害関係者）を巻き込んだSCの活動が拡がりをみせている。たとえば、アーティストやデザイナーとの協働といった「共創」の試みが近年注目を集めている。共創とは「多様なステークホルダーが双方向で対話・協働し、それらを政策形成や知識創造へと結び付ける」（総合科学技術・イノベーション会議 2016：46）ことを意味する。このような多様な実践をSCが目指す背景には「共生成」という概念に基づく反省が活かされている。

共生成に基づく実践の批判

科学は、社会的な営みとの相互作用のもと知や技術を生み出していくものとして捉え直されてきた（☞第2章、第3章、第5章）。たとえば、一方で、人々の期待や想像力、技術を用いるユーザーのニーズなどに基づく多種多様な社会的なやりとりのなかから科学的な知や技術は生み出され、他方で、そのようにして生み出された科学的な知や技術が社会の規範、慣習、制度などを変えていく。このように、科学と社会が相互作用しながら互いを生成・変化させていくことが「共生成」と呼ばれる。

この共生成の考えを踏まえて、ミニ・パブリックスなどの手法を用いる参加型TAへの批判も展開された。その批判によれば、二〇〇〇年代の数々の実践は、「試験管の中で（*in vitro*）」行われるような、「閉じられ、管理された、実験室のような環境で行われたもの」（Chilvers & Kearnes eds. 2017：34）だった。つまり、これまでの参加型TAの実践は、「市民参加」や「対話」を実社会の文脈から切り離された出来事として扱うきらいがあり、科学と社会の関係性を共生成として見る視点を欠いていたと指摘されたのである。

このような環境での実践においては、何のために、何を問題として対話が行われるのかといったことがあらかじめ確固たるものとして定められてしまっているかもしれない。その際には、理想的な参加者像があらかじめ決められ、理想的に振る舞う市民が所与の問題を掲げ、所与の目的を達成する過程として対話が進められるだろう。そして、ファシリテーターなどの実践者は既存の目的を見据えて、そこへと市民をリニアに導く出来合いの手続きを踏襲するだけのものとなるだろう。これらの営みが、科学と社会の関係を再考するものとなる望みは薄いように思われる（Chilvers & Kearnes 2017：10–12）。

生成モデル（Model of Emergence）

このようなSCのあり方を批判し、共生成に基づいてSCを捉え直す見方は、「生成モデル」（Horst & Michael 2011：286）と呼ばれる。生成モデルにおいては「科学、公衆、社会といった存在者を形づくる構成的な力」（Horst & Michael 2011：286）が着目される。それは「試験管の中」の市民参加ではなく、「生きたからだにおける参加（participation *in vivo*）」を目指し、「共生成論者の観点から参加の理論を作り直すこと」（Chilvers & Kearnes 2017：35）を試みる。つまり、市民、科学者、社会の役割や関係性を所与のものとしては扱わず、むしろ、これらが互いを新たなものとして生成させ、新たな役割や関係性を構築する過程としてSCが捉え直されているのだ（Chilvers & Kearnes 2017：15–16）。

実践への示唆

　そのような捉え直しの例として、ホーストとマイケル（Horst & Michael 2011）の分析がある。彼女らは、コペンハーゲン郊外のショッピングモールに展示されたインスタレーション作品「期待の風景」を用いたSC実践を分析した。その分析では「馬鹿者（the idiot）」という概念が用いられている。「馬鹿者」とは、実践者の意図や予測のとおりにSCに参加してくれない人々のことを意味する。このような人々は、ある種の「ノイズ」として邪魔者扱いされ、無視されるのがふつうだろう。しかし、時として、こうした馬鹿者の振る舞いが、市民、科学（者）、社会の関係性を再考する好機となりうるとホーストとマイケルは指摘する。というのも、馬鹿者は、実践者の当初の目的を打ち破り、理想的な市民として振る舞うことをせず、既存の目的を再考することを促すかもしれないからだ。ひいては、科学と社会の関係を再考ないし再構成する可能性がここから示されるかもしれないと彼女らは指摘する。

　生成モデルに基づく実践の批判は市民参加や対話のあり方を再考する有効な手段の一つだろう。とはいえ、その批判をSCの実践にどう活かせばよいのかは必ずしも明らかではない。この点は今後のSC研究および実践の課題として残されていると言わざるをえない。いずれにせよ、科学技術に関する対話の場を社会との連続性のもとに置き直し、科学と社会の関係性を問い直す力を活性化させることこそがSCの目指すところであるといえるだろう。SCは「科学というものの文化や知識がより大きいコミュニティの文化の中に吸収されていく過程」（ストックルマイヤーほか編 2003：i）とも規定されうる。自らのあり方を問い直すような思い切った斬新なアイディアをSCそれ自体がいままさに求めているのであり、それこそが科学と社会の新たな関係を生み出すことに資するだろう。

併せて読んで！　第10章、第11章、Part 3

注

（1）　その背景には「科学に問うことはできるが科学によっては答えることのできない問題」（トランス・サイエンスの問題）が認識されてきたことも挙げられる（Weinberg 1972）。

参考文献

Chilvers, Jason & Matthew Kearnes（eds.）（2017）*Remaking Participation*, Routledge.

Horst, Maja & Mike Michael（2011）“On the Shoulders of Idiots：Re-thinking Science Communication as ‘Event,’” *Science as Cultures*, 20（3）, pp. 283–306.

Weinberg, Alvin M.（1972）“Science and Trans-Science,” *Minerva*, 10（2）, pp. 209–222.

標葉隆馬（2020）『責任ある科学技術ガバナンス概論』ナカニシヤ出版。

ストックルマイヤー、スーザンほか編（2003）『サイエンス・コミュニケーション――科学を伝える人の理解と実践』佐々木勝浩他訳、丸善プラネット。

杉山滋郎（2007）「なぜ今、科学技術コミュニケーションか」北海道大学科学技術コミュニケーター養成ユニット（ＣｏＳＴＥＰ）『はじめよう！　科学技術コミュニケーション』、ナカニシヤ出版、一―一三頁。

総合科学技術・イノベーション会議（2016）「科学技術基本計画（第５次）」、http://www8.cao.go.jp/cstp/kihonkeikaku/5honbun.pdf（最終アクセス日二〇二三年八月十八日）

種村剛（2018）「先端科学技術の社会実装についての熟議の場――討論劇を用いた科学技術コミュニケーションを事例として」『中央大学社会科学研究所年報』二三、二三三―二五〇頁。

藤垣裕子・廣野喜幸編（2020）『科学コミュニケーション　新装版』東京大学出版会。

三上直之（2010）「日本でのコンセンサス会議の展開とその課題（無作為抽出を活用した討議民主主義の可能性）」『計画行政』三三（三）、一五―二〇頁。

（原　健一）

第8章　専門家の助言

1　日本における専門家の助言の歩み

専門家の助言とは、科学と政治を架橋する営み一般を指す。今日、科学技術と社会の相互作用が進むなかで、その重要性は増加している。専門家の助言は、それが科学的根拠に基づいている点に本質があることから「科学的助言」というテーマで議論されてきた。以下、本章では専門家の助言と科学的助言を互換的に用いる。有本建男らは科学的助言を「政府が特定の課題について妥当な政策形成や意思決定をできるよう、科学者（技術者、医師、人文社会分野の科学者等を含む）やその集団が専門的な知見に基づく助言を提供すること」と定義している（有本ほか 2016）。

科学と政治の関係が問われるようになったのはいまに始まったことではない。日本では、一九六〇年代の水銀中毒、一九八〇年代のＨＩＶ汚染血液製剤問題、二〇〇〇年代のＢＳＥ問題など、科学と政治の関係性がしばしば問題になってきた。

日本で科学的助言が政府と科学コミュニティの重要な関心ごととして認識されるようになったのは二

〇一〇年代前半である。二〇一一年三月に発生した東日本大震災とそれにともなう原発事故を契機に、科学者と政府の役割と責任を問う議論が盛り上がった。また、国際的にも、二〇一四年に「政府に対する科学的助言に関する国際ネットワーク（International Network for Government Science Advice：ＩＮＧＳＡ）」の設立にみられるような科学的助言への国際社会の関心の高まりが相まって、国家的な科学的助言制度の構築の重要性が意識された。二〇一二年三月、科学技術振興機構・研究開発戦略センター（ＪＳＴ－ＣＲＤＳ）は、政府と科学的助言者の行動規範の策定を求める政策提言を取りまとめ、科学と政府との関係の構築にあたって参照されるべき一般的な原則の試案を提示している（ＪＳＴ－ＣＲＤＳ 2012）。二〇一三年一月には日本学術会議が声明「科学者の行動規範　改訂版」を公表し、科学的助言について同会議としての原則的考え方を表明した。二〇一五年には外務大臣・科学技術顧問が置かれ、二〇一六年一月に閣議決定された第五期科学技術基本計画では、海外の動きに留意しつつ日本の科学的助言の仕組みや体制等の充実を図っていく必要性が明記された。また、ＯＥＣＤ・グローバルサイエンスフォーラム（ＧＳＦ）の科学的助言に関するプロジェクトにも日本から参画し、国際的な制度設計の議論にも貢献している。

二〇一〇年代後半以降、科学的助言に関する体制強化の取り組みはあまり進まなかったが、今日、再度注目を集めている。二〇二一年度より開始された第六期科学技術・イノベーション基本計画では、「政策のための科学（Science for Policy）」が明記され、社会との多層的な科学技術コミュニケーションや国民をはじめとする多様なセクターへの情報発信、研究者コミュニティと政治・行政との間で、認識を共有したうえで、科学的知見に基づく独立かつ的確な助言を行うための仕組みづくりを構築することが求められている。二〇二二年六月に発表された「新しい資本主義のグランドデザイン及び実行計画」では、科学技術立国再興の一環として、内閣官房に、総理へ情報提供・助言を行う「科学技術顧問」の設置が明記され、九月に任命された[1]。

2　政府に対する科学的助言の論点

科学的助言の役割

現代社会が直面する多くの複雑な課題を解決していくためには、政治と科学とがその価値観と行動様式の相違を乗り越えて協働していくことがますます必要になってきている。冒頭で述べたように、科学的助言の本質は科学と政治の架橋である。しかしながら、これは政治と科学ができるだけ接近、あるいは融合すべきということではない。肝心なのは両者が独立し、各々の根本的な価値観を保持したまま、コミュニケーションを成立させ信頼関係を築くことである。

しかしながら、具体的にどこまでが科学的助言者の役割の範囲なのかを特定することは容易ではない。一般に、リスク評価とリスク管理は分離すべきであると考えられる。これは、リスク評価は科学的な観点から行い、一方、リスク管理は幅広いステークホルダー（利害関係者）の関与を得つつ総合的な観点から行うべきであって、後者において考慮されるべき政治的・社会的な価値判断が前者に混入することを防ぐという考え方に基づく。ただし、両者の間の境界も決して明確ではなく、分野において多様な形態がある。また、科学技術が社会にもたらす影響が複雑化するなかで、何をリスクとみなすかは立場に

表8－1　科学的助言者の四つの類型

		科学観	
		リニア・モデル	ステークホルダー・モデル
民主主義観	政府側に政策のオプションが存在	純粋科学者 (Pure Scientist)	主義主張者 (Issue Advocate)
	専門家側が政策のオプションを提示	科学的知識の提供者 (Science Arbiter)	誠実な仲介者 (Honest Broker of Policy Options)

よって異なる。行政、産業界、一般市民といった社会を構成するさまざまなステークホルダーごとによって異なる優先事項を考慮しながら、政策決定のなかに科学的助言を有効に活用するマネジメントが求められている。

アメリカの政治学者ロジャー・ペルキーが提唱する「誠実な斡旋者」モデルは、科学的助言のあるべき役割を表した概念として国際的に普及している（Pielke 2007）。純粋科学者は、政策や産業への応用を意識することなく、単に科学的知識の生産のみを行う。主義主張者は、ある政策課題に関して特定の立場を主張する。科学的知識の提供者は、特定の政策課題があったときに、関連する科学的知識を求めに応じて提供する。誠実な斡旋者は、複数のオプションとともに関連の知見を示す（表8－1）[2]。

科学的助言者（個人および組織）の役割領域は、リスク評価に限られる場合と、リスク評価の内容を踏まえて政策オプションを作成する作業までをも含む場合がある。科学的助言者はそのような役割領域の境界の複雑な構造を念頭に置きながら政府側との距離感を測り、自らの独立性を確保すると同時に政府側とコミュニケーションをとることが求められる。

科学的助言のプロセスと原則

科学的助言には実に多くのプロセスが働いている。理想的には、まず、政府・行政の側は、何についてどこまで助言を求めるかを明確にする必要がある。それに際し、適切な助言者の選定を行う。助言を作成する段階では、科学的助言者の独立性が保障され、助言の質が担保される。そして作成された助言は適時・的確に伝達され、活用される。

科学的助言のプロセスが適切に機能しないと、誤った政策立案が導かれるばかりか、政策形成や科学そのものに対する社会的信頼も損なわれてしまう。科学的助言者側が政府の既定の路線を安易に追認したり、政府が科学的助言を都合良く解釈し用いたりするおそれを防ぐためにも、科学的助言のプロセスを正しておくことは重要である。たとえば、英国ビジネス・イノベーション・技能省（Department for Business, Innovation and Skills）は、二〇一〇年、政府の科学的助言に関する原則を策定し、科学的助言者と政府が従う役割と責任について規定している（図８－１）[3]。

同様に、各国で科学的助言の健全性を担保するための原則、指針、ないし行動規範が定められてきた。それらは、国ごとの政治・行政の体制、制度や科学的・文化的背景などの違いを反映しているが共通の要素も多い。ＯＥＣＤの国際共同プロジェクトでは、国ごとの共通部分を抽出し、各国が科学的助言システムを設計・改良する際に参照すべき最低限の要件をまとめたチェックリストを作成している（OECD 2015：8）。

それによると、効果的で信頼される科学的助言プロセスは、以下の項目を満たす必要がある。

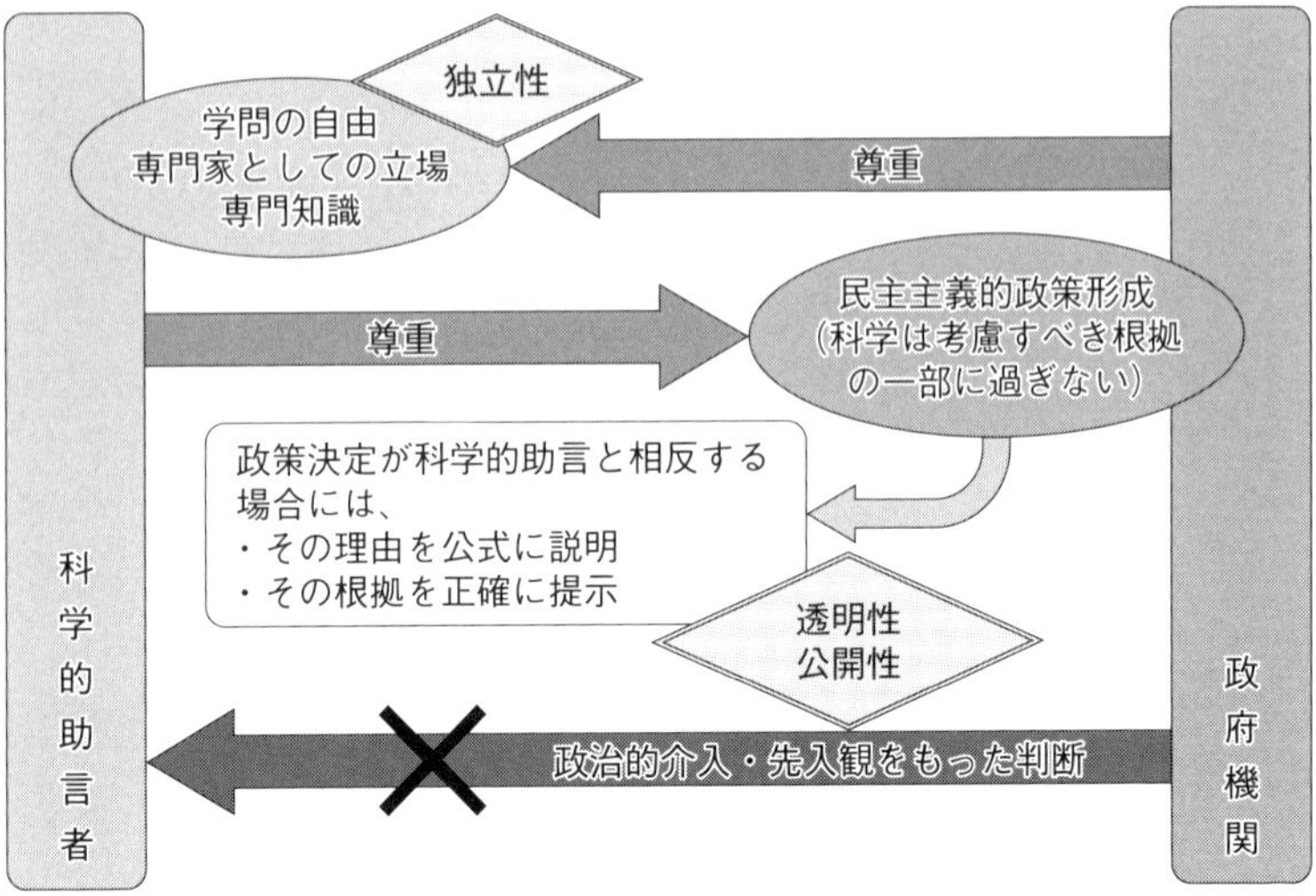

図8－1　英国ビジネス・イノベーション・技能省の「政府への科学的助言に関する原則」

①　明確な付託事項を持ち、多様な関係者の役割および責任が定められるとともに、以下の事項が必要とされる。

1　助言と意思決定の機能・役割の明確な定義。および可能であれば明確な区別

2　伝達に関わる役割および責任の定義、および必要な専門的能力

3　すべての関係者、関係機関の法的役割および責任に関わる事前の定義

4　付託事項に照らして必要となる組織上、運営上、人的な支援

②　必要な関係者――科学者、政策立案者、他の利害関係者――の参加を確保するため、次の事項が必要とされる。

1　参加プロセスの透明性の確保と、利益相反の申告・確認・処理のための厳格な手続きの遵守

2　問題に取り組むために必要とされる科学

的知見を多様な分野から集めること

3　課題設定や助言の作成において科学者以外の専門家や市民社会の利害関係者を関与させるか、またどのように関与させるかを明示的に考慮すること

4　必要に応じて、国内外の関係機関と適時の情報交換および調整を行うための有効な手順を確立すること

③　偏りがなく妥当かつ正当で、以下のような性質を持つ助言を作成しなければならない。

1　入手できる最善の科学的根拠に基づいていること

2　科学的不確実性を明示的に評価・伝達していること

3　政治（および他の利益団体）の干渉を受けていないこと

4　透明性があり説明責任を果たすように作成・活用されていること

エビデンスに基づく政策形成（ＥＢＰＭ）との関係

科学的助言の議論において「エビデンス」という言葉がしばしば用いられる。日本でも、エビデンスに基づく政策形成（Evidence-Based Policy Making：ＥＢＰＭ）の重要性が認知されるようになってきた。その背景としては、限られた財政資源で最大の政策的効果を挙げるために合理性の高い政策が望まれることや、政策決定に関する国民への説明責任が一層求められるようになってきたことが挙げられる。政策形成においてエビデンスを重視する流れは、エビデンスと専門家の判断の関係がどうあるべきかという問いを提起している。

ＥＢＰＭの導入は、エビデンスを活用することで、政策デザインや政策的介入を客観的で信頼できる情報に基づかせることが可能になるという期待のもとに進められた[4]。もちろん、こうした政策効果の評価や検証に関わる情報を特定することは重要である。しかしながら、質の高いエビデンスの生産・伝達が、効果的な政策形成に直接結びつかないこともしばしばある。また、ある条件下での効果を示すエビデンスが他の条件下でも同様に有効とは限らない。さらに、本来、政策形成は、課題設定・立案・決定・実施・評価の複数の段階から成る過程であり、評価や検証はその過程の一部を成すに過ぎない。政策形成においては、問題の対象や規模を把握し適切な政策課題を設定する、政策課題の前提に関する理解を深める、政策立案者が考慮すべき論点を与え総合的な判断を促すなどの試みも同様に重要である。

こうした背景から、近年、欧州や国際機関では、政策効果の推定に限定されない問題を議論する際に、エビデンスを踏まえた政策と実践（Evidence-Informed Policy and Practice）という表現が用いられることもある。エビデンスを総合的に判断し政策形成を考えるためには、エビデンスの提供者（専門家や科学者）と活用者（政策立案者や実務家）が、前提を共有し、対話を積み重ねていくことが不可欠である。エビデンスの有効性や妥当性を評価する際には、エビデンスの社会・政治的文脈を視野に入れた観点も必要となる。また、そもそも政策決定に十分なエビデンスが存在しないこともしばしばある。総合的な観点のなかで政策形成におけるエビデンスの活用を検討し、政策過程のさまざまな段階における意思決定の場面でエビデンスをどのように考慮すべきかといった、より広い意味でのエビデンスの政策活用を考えていく必要がある。

ポスト・トゥルースと科学的助言

今日、専門家の権威はかつてないほど軽んじられているといわれることもある。Oxford Dictionary の二〇一六年の Word of Year にはポスト・トゥルース（Post Truth 客観的な事実が、感情や個人の信念よりも、世論形成に影響を与えない状況）が選ばれた[5]。ポスト・トゥルースの政治は、科学的根拠を数ある考え方のうちの一つに過ぎないと捉え、科学よりも人々の感情に訴えかけようとする。

しかしながら、事態はそれほど単純ではない。たとえば、赤池伸一が指摘するように、ポスト・トゥルースの政治とＥＢＰＭは対極にあるのではなく表裏一体である（赤池 2018）。政府は疑似科学や反科学に訴えかけるのではなく、科学的根拠の厳密さを必要以上に要求し、現実離れした条件を課すことでＥＢＰＭの意義をなし崩しにすることができてしまう。また、感情や個人の信念なども、データを用いて客観的に説明することも可能である。こうした見せかけのＥＢＰＭのトリックに惑わされないようにするためには、エビデンスが活用される政治的力学に注意を払うことが不可欠である。

専門知と民主主義

気候変動や原子力開発、ワクチンの接種、遺伝子組換え食品などの社会的課題は私たちの生活に密接に関係しており、こうした問題に対する人々の関心も高まっている。このことは、科学的根拠のみに基づく政策形成が成り立ちにくくなっていることを意味する。とりわけ、科学技術の実用化が人々の社会生活に広範な影響を与えることが予期される場合、たとえ科学技術的な観点で問題がないとしても、市民社会の反発を受けてそれが実用化されない場合が往々にしてある。

この点を考えるうえで、コリンズとエヴァンズの一連の著作は示唆的である（Collins 2014；Collins & Evans 2007）。彼らは、科学的助言における一般市民の役割を検討している。私たちみんなが科学の専門家ではない。その一方で、専門家を絶対視し、過剰に信じ込んでしまうことにも注意が必要である。とりわけ新規で未知の現象に関しては、最適な専門家をどうやって選ぶかが問題になる。一般市民は、専門的な判断を下すことはできなくとも、専門家が適切な科学的態度をとっているか、利益相反を侵害していないか等の観点から、専門家の助言に関わる信頼性について判断することができる（☞第1章）。たとえ専門知識を持たないとしても、科学技術に関する意思決定の問題に関わる権利が一般市民にはある。一般市民の視点が科学的助言のプロセスに向けられることによって、科学的助言が社会の中で効果的に機能することにつながっている。

3　新型コロナウイルス感染症対応で顕在化した課題と今後の方向性

新型コロナウイルス感染症への対応は科学的助言がどうあるべきかという問題をあらためて提起した。日本だけではなく世界各国で科学的助言システムのさまざまな課題が顕在化した。今般の感染症対応に関わる専門家の助言の検証および今後の危機対応に向けた検討や、関連する研究が行われてきた（JST-CRDS 2022；研究・イノベーション学会 2021）。

パンデミックのような緊急時の科学的助言に関する議論は、日本でも世界でも手薄であった。長らく感染症対策に注力し、十分な体制を整えているとみられていた国々でさえも、科学と政治の連携が十分に図られなかった。専門家は、時々刻々と事態が変化する状況下で、不確実性の高い情報を、政治・行政、社会にどのように発信するかという点で苦心した。感染症の複合的かつ連鎖的な影響に対処するには、医学、社会科学、行動科学などのさまざまな知見が必要となるが、異なる分野・アプローチから成るエビデンスを評価し、総合的に考慮することの難しさが明らかになった。政府・行政の側も、「科学に従う」という態度を表明しながら実際には十分に科学を踏まえた意思決定を行わないなど、政策形成プロセスの可視化が行われず、科学的助言がどのように検討されたかが不明瞭であった。

新型コロナ対応では、伝統的な科学的助言の議論において中心的なテーマであった科学と政治・行政の役割と責任のあり方があらためて問われることとなった。平時とは異なり、緊急時には専門家が行うリスク評価に基づき、行政がリスク管理措置を講じるという素朴な構図では捉えきれない部分がある。我が国でも、専門家が行政の側と粘り強く調整を行ったり、人々の行動変容を直接呼びかけたりすることで感染拡大の抑制に尽力したが、時に専門家の積極的な行動が社会的な議論を呼ぶ場面もあった。

専門家とさまざまなステークホルダーの間での情報発信および意思疎通の難しさも認識された。感染症対策を推進するにあたって、多様な背景を持つステークホルダーの関心や価値観に配慮しながら、政策措置がもたらす副次的効果や倫理的・法的・社会的課題（ＥＬＳＩ）についても考慮することが不可欠である（☞第10章）。これまで科学的助言に関わるステークホルダーの範囲や関与の仕方、置かれた文脈を踏まえた、実行可能な科学的助言システムをいかに構築するかという点は必ずしも十分に議論されてこなかった。国や地域ごとに優先事項や人々の生活様式の違いがあるため、何が適切な助言かは一律に論じることができず、また、政治体制の違いが危機管理の主要な責任の所在や科学的助言の機能にも反映される点を織り込むことが重要となる。従来の科学的助言を支えていたリニアモデル（科学的に正しい助言が良い政策に直結するという考え方）からエコシステム（多様なステークホルダーの有機的な相互作用を重視する考え方）へのフレームワークの転換が求められている。

科学的助言のエコシステムの検討に際しては、グローバル、ナショナル、ローカルのスケールを超えた調整のメカニズムも必要である。これまでもＷＨＯなどの国際機関との連携や国際的なネットワークは存在したが、今般のパンデミック対応においては、海外および国内の助言組織からの情報が錯綜した。また、データの質や量の確保や、データの収集を可能にするインフラの整備、データを管理する国際的なルールづくり、科学的助言が機能する社会的文脈の多様性への考慮などの点で大きな課題が残った。国際政治の力学が科学的助言を圧倒する現実にどう向き合うかという深刻な問題に対し、国際協調のあり方も問われている。

併せて読んで！　第1章、第10章、第11章

注

（1）内閣官房「新しい資本主義のグランドデザイン及び実行計画――人・技術・スタートアップへの投資の実現」（令和四年六月七日）（二〇二二年十一月十八日閲覧）。また、英・米の科学的助言制度については、榎（2015）が参考になる。

（2）ペルキーの科学的助言者の四つの類型に関する日本語での紹介は、前掲の有本ほか（2016）の三〇―三一頁を参考にされたい。

（3）本図についてはＪＳＴ－ＣＲＤＳ（2012：6）を参照した。同報告書（付録3）では海外における政府への科学的助言の原則について整理されている。

（4）この点と関連し、ポーターは、エビデンスの生産・活用に関する「手続きの規格化」に対し、「専門家の判断」が

どうあるべきかを考えるうえで示唆的な議論を展開している（Porter 1995）。

（5） Oxford Languages, World of the Year 2016. https://languages.oup.com/word-of-the-year/2016/（二〇二二年十一月十八日閲覧）

参考文献

Collins, Harry (2014) *Are We All Scientific Experts Now?*, Policy Press.（『我々みんなが科学の専門家なのか?』鈴木俊洋訳、法政大学出版局、二〇一七年）

Collins, Harry & Robert Evans (2007) *Rethinking Expertise*, University of Chicago Press.（『専門知を再考する』奥田太郎監訳、名古屋大学出版会、二〇二〇年）

OECD (2015) "Scientific Advice for Policy Making: The Roles and Responsibility of Expert Bodies and Individual Scientists", *OECD Science, Technology and Industry Policy Paper*, 21, OECD Publishing.

Porter, Theodore M. (1995) *Trust in Numbers: The Pursuits of Objectivity in Science and Public Life*, Princeton University Press.（『数値と客観性——科学と社会における信頼の獲得』藤垣裕子訳、東京大学出版、二〇一七年）

Pielke, Roger A. Jr. (2007) *The Honest Broker: Making Sense of Science in Policy and Politics*, Cambridge University Press.

赤池伸一（2018）「Post Truth の時代におけるエビデンスベースの政策形成」『研究 技術 計画』三三（一）、一九—二五頁。

有本建男・佐藤靖・松尾敬子（2016）『科学的助言——21世紀の科学技術と政策形成』東京大学出版会。

榎孝浩（2015）「行政府における科学的助言——英国と米国の科学技術顧問」『レファレンス』七七九、一一五—一四四頁。

研究・イノベーション学会（2021）「特集　新型コロナウイルス感染症と科学的助言」『研究 技術 計画』三六（二）。

ＪＳＴ-ＣＲＤＳ（2012）『政策形成における科学と政府の役割及び責任に係る原則の確立に向けて』。

ＪＳＴ-ＣＲＤＳ（2022）『ポストパンデミック時代における科学的助言のエコシステムの構築に向けて——新型コロナウイルス感染症対応の課題と今後の方向性』。

（加納寛之）

第9章　デュアルユース

科学技術の発展が私たちの生活に多大な恩恵をもたらす一方で、その知見が当初の想定とは別の用途に供されることによって社会に思いがけないインパクトを与えることがある。たとえば、科学技術が悪用・誤用された結果、私たちの安全が著しく害されるかもしれない。二〇〇一年にアメリカで発生した炭疽菌郵送テロ事件は、公共の利益や福祉向上に資するはずの生命科学研究がバイオテロに転用される可能性を示唆するものとして議論を呼んだ事例である(1)。科学技術にはその知識・製品利用の有り様によって二重性（デュアルユース性）がともなう。デュアルユース性は科学技術の発展や政策決定にどのように関わってきたのか。研究者・技術者、政策決定者、そして私たち市民はデュアルユース性をともなう科学技術（以下、「デュアルユース研究技術」）にどのように対峙すべきか。こうした問題意識のもと、デュアルユース研究技術について、科学技術社会論、政治学、哲学・倫理学など多様な分野で議論が展開されている。

1　軍民両用性としてのデュアルユース

デュアルユースという概念は、ある科学技術について想定される使用者や用途に応じて二つの意味で使われてきた。ある科学技術が軍事用途と民生用途のいずれにも応用可能であるという「軍民両用性」と、公共の利益に資する利用と社会に負の影響をもたらす悪用・誤用の両方に開かれているとする「用途両義性」である(2)。

知識・技術の転用可能性

本節では前者の軍民両用性概念に注目する。一見すると軍事技術と民生技術の間には大きな隔たりがあるように思われるかもしれない。実際には、私たちが住まう生活空間のいたるところで軍民両用性としてのデュアルユース研究技術を用いた製品が利用されている。たとえば、インターネットや全地球測位システム（ＧＰＳ）は、もともと軍事目的で開発・利用されていた技術を民生目的に転用したことで生まれた製品だ。このように軍事目的で開発された科学技術が民生利用に応用される事例はスピンオフ（spin-off）技術と呼ばれる。反対に民生技術から軍事技術へと転用される事例もある。こちらはスピンオン（spin-on）技術と呼ばれ、植物ホルモン研究の成果が枯葉剤の開発に応用された事例がその一例である。また、デュアルユースは技術転用だけではなく知識転用に関する概念でもある。すると、自然科学や工学だけでなく、人文学・社会科学分野の学問にもデュアルユース性を見出すことができるだろう。たとえば、心理学や文化人類学、言語学等の知見が軍事利用されてきた歴史がある（☞第２章）。

軍民両用性と研究開発振興

軍民両用性としてのデュアルユースは、単に知識や技術の転用可能性という特性を記述するだけでなく、新興科学技術の研究開発を志向する主体の動機メカニズムを分析するうえでも重要な示唆を有する。たとえば、第二次世界大戦後のアメリカは、ソビエト連邦との軍拡競争において技術的優位性を維持するため、研究開発への戦略的な投資を行ってきた。投資先となった分野は多岐にわたり、宇宙工学、超高速集積回路、材料工学、ロボット・AI、脳神経科学等がある。なかでも、国防総省が一九八〇年に開始した超高速集積回路（Very High Speed Integrated Circuit：VHSIC）開発計画は、軍需企業と民生半導体企業の共創を推進することで、軍が求める高度な軍用技術に民生技術を組み入れようとした事例である。このようなデュアルユースを意識したプロジェクトには、軍以外の研究開発組織のリソースを活用することによる軍用品開発の効率化というメリットがある。では、参加企業側にはどのようなインセンティブがはたらくのだろうか。一般に、市場での需要が期待されるものの製品化するには未熟な段階にある技術に対して、一企業が巨額の開発投資を行うことはハイリスクだと考えられる。海外との激しい開発競争にさらされていた半導体企業も例外ではない。そのため、国防総省の支援を受けながら民生転用を見据えた技術開発ができるVHSIC開発計画は、新しい技術を製品化したい企業にとって参画のメリットを感じられるものであった（吉永 2017）。より新しい事例としては、一九九九年に米国中央情報局（CIA）が設立したIn-Q-Telがある。In-Q-Telは技術発展のスピードが速いIT分野を対象とするベンチャーキャピタルであり、従来型の研究委託や調達方法では難しいとされた先進的なIT技術やアイディアの調達を可能にし、テロリストの探索やサイバーセキュリティといった新たな国防上の課題解決の突破口となることが期待された。他方、投資先のベンチャー企業にとっては、資金獲得、ネットワーク形成、将来の販路確保といったメリットがあり、Ｉｎ－Ｑ－ＴｅｌはＩＴ時代の軍民両用技術振興のモデルとなった（小林 2017）。

軍民両用性から生じるジレンマ

デュアルユース政策をめぐる論点は、国家間・企業間の技術的優位性という点に尽きるわけではない。前述のＶＨＳＩＣ開発計画に参画した企業の経営者や技術者は、このプロジェクトから生み出された製品を輸出して利益を得ることや、研究成果を社会に広く公開することを望むだろう。ところが、知識・技術転用とも関わる概念であるデュアルユースが国防上の課題と密な関係にあることに立ち返るならば、国家にとって自国のデュアルユース性を持つ研究成果や製品が敵対する国家や悪意を持つ集団の手に渡ることは望ましからぬことであり、政府がプロジェクトの成果を機密情報として保護し、国際輸出管理の強化へと傾くのは自然である。ＶＨＳＩＣ開発計画にあっても、開発が進むにつれて、政府の意向により製品の輸出や研究成果の発表を制限されたため、参加企業のモチベーションは徐々に低下した。この事例が示すように、デュアルユース政策をめぐっては、安全保障と経済発展の間でジレンマが生じる。すなわち、安全保障を重視する政策へと舵を切る場合には経済や科学技術の発展が阻害される。そうではなく経済重視の方策をとるならば技術の国外流出が安全保障上の危機をもたらすかもしれない。このようにデュアルユース政策をめぐる論点は多岐にわたり、各々が複雑に絡み合ってジレンマを構成している。デュアルユースをめぐる議論はこうしたジレンマの構造を踏まえたうえで行われる必要があり、個別の政策課題だけに焦点を当てるのではなく、領域横断的な視座が不可欠である。

2　日本におけるデュアルユース研究技術

科学者と軍事研究

第二次世界大戦後、ＧＨＱの占領・管理下で軍事研究を禁じられた日本の科学技術は、アメリカとは異なる歩みをみせる。外的な圧力のみから民生分野の発展に注力したのでなく、科学者たちが自ら、過去の戦争協力を反省し、軍事研究と決別する姿勢を示したのである。たとえば、政府の諮問・勧告機関として戦後に発足した日本学術会議は、一九五〇年に「戦争を目的とする科学の研究には絶対従わない決意の表明」を採択し、日本物理学会は一九六七年に軍隊からの援助を含む一切の協力関係を拒否することを主旨とする「決議３」を採択した。しかし、これらの声明が研究者の総意として一貫して受け入れられていたわけではない。特に「戦争を目的とする科学研究」の定義、すなわち軍事研究と非軍事研究の線引きをめぐってはさまざまな論点が提起され続けてきた（杉山 2017）。基礎研究であるならば軍事研究ではないのだろうか。研究資金の出処が軍部であるならば軍事研究なのだろうか。資金源等の基準で一律に判断するのではなく、個別の研究内容に即して判断すべきか。これらの論点に加えて、従来の物理的な戦闘攻撃のみならず情報戦やサイバー戦が複合的に展開されるハイブリッド戦争の登場により、問題はさらに複雑化している。こうした軍事研究の境界確定を困難にする諸要因を認識したうえで、個々の研究者および研究者コミュニティは用途の不確定な研究にどのように対峙すべきかが問われている（☞第1章）。

近年の科学技術政策

他国と同様に安全保障上の課題を抱える日本政府の視点に立つならば、防衛装備品の調達コスト削減と新規技術獲得を達成するうえで、デュアルユース研究技術の活用は魅力的な選択肢であるだろう。二〇〇〇年代以降に推進された産学官によるイノベーション志向の科学技術政策と接合する形で、大学がデュアルユース技術の研究に取り組むことが期待されるようになった（夏目 2018）。その象徴ともいえるのが二〇一五年に創設された防衛装備庁の安全保障技術研究推進制度である。これは、防衛装備庁が設定したテーマに関連する研究計画を公募し、審査を経て採択された課題に研究費を支給する競争的研究資金制度であり、一定の条件のもとで研究者による成果の公開が保証されている。安全保障技術研究推進制度をめぐっては、その創設当初から、日本学術会議や日本物理学会の宣言に表現されていた「軍事研究に従事しない」という規範との整合性、軍事研究の境界問題、科学者の社会的責任といった多様な論点を含みながら激しい議論が交わされてきた。前節で言及したアメリカ国防総省のＶＨＳＩＣ開発計画が、研究開発による成果の用途や公開の自由について方針を転換したことからもうかがえるように、科学的知識や技術の転用・管理のあり方は多分に流動的であり、研究者がその変化を正確に予見することは難しい。安全保障技術研究推進制度にあってもこのような不確定性が払拭できないことに留意しながら、議論を継続していくことが肝要である。

3　用途両義性としてのデュアルユース

軍民両用性に対して、用途両義性としてのデュアルユースは、ある科学技術が善用により公共の利益をもたらす可能性と、悪用・誤用される場合には社会に負の影響をもたらす可能性の両方に開かれていることを指す。この意味でのデュアルユースの事例は私たちの身近に溢れている。たとえば、調理に欠かせないナイフは他人を殺傷することにも使用されうる点でデュアルユース技術の典型例だ。このように私たちの生活に根付いて久しい多くの技術にデュアルユース性を見出しうるのに対して、この概念自体が普及したのは今世紀に入ってからである。

デュアルユース研究技術の悪用とセキュリティ

二〇〇一年にアメリカで発生した炭疽菌によるバイオテロ事件以降、善意で行われた研究開発の成果がテロなどに悪用されるリスクへの対応が喫緊の課題として浮上した。アメリカ政府は「米国愛国者法」によって捜査機関の権限拡大や出入国管理の強化に踏み切ったほか、研究者コミュニティ内部から研究活動を管理する取り組みも展開されている。具体的には、二〇〇四年に米国科学アカデミー（National Academy of Science）が作成した「テロリズム時代のバイオテクノロジー研究（Biotechnology Research in an Age of Terrorism）」（通称「フィンクレポート」）では、生命科学の悪用・誤用防止に向けた対策について提言がなされたほか、同年中にはフィンクレポートに基づいて「バイオセキュリティに関する国家科学諮問委員会（National Science Advisory Board for Biosecurity）」が組織され、バイオセキュリティの観点からデュアルユース研究の基準の提示、監督ガイドラインの策定など、デュアルユース研究の管理体制が整備されるに至った[3]（四ノ宮・河原 2013）。

デュアルユースジレンマ

こうしたデュアルユース研究技術に対するさまざまな取り組みを理解・検討するうえで、テロに代表される悪用リスクの低減、つまり安全保障上の課題解決への含意のみに注目するのは不十分である。なぜならば、デュアルユース研究技術の管理強化に踏み切ることは、時に善い結果が期待される研究開発の実施を制限することをともなうため、研究者の自由な発想や主体的な研究活動が犠牲となるかもしれないからだ。他方で有望な研究開発活動に対する規制を緩和して研究開発の自由な実施を許容するならば、安全保障上の脅威が増大するだろう。このような板挟みの状況は、「デュアルユースジレンマ」と呼ばれ、デュアルユース研究技術の管理のあり方を考えるうえで大きな障壁となる。たとえ悪用や誤用の可能性を排除できない場合であっても、善い結果が期待されるならば、その研究開発活動を推進すべきだろうか。それとも差し控えるべきだろうか。研究開発に従事する当事者のみならず科学技術ガバナンスの主体であっても、特定の組織・コミュニティの価値観や規範を超えて、この問いに向き合うことが必要である。

用途両義性から生じる不確定性

デュアルユースジレンマに直面した際、私たちは何を拠り所にして行為指針を選択すればよいのだろうか。一般的なジレンマ状況に対して考えられる一つの方法は、各選択肢がもたらす利益と危害（コスト）のバランスを評価し、選択肢間で比較考量するというものだ。この考え方をデュアルユース研究の評価に対して適用しているトマス・ダグラスは、ある研究を実施した場合に生じうる結果の発生確率を考慮に入れたアプローチを提唱している[4]（Douglas 2013）。候補となる二つの選択肢（「ある研究を実施する」と「その研究の実施を差し控える」）について、それぞれから生じる利益と危害を発生確率で重みづけた値の総和（期待価値）を計算し、選択肢間の期待価値を比較考量するという具合だ。

こうした比較考量を行うアプローチは、一見するとデュアルユースジレンマに対して一定の有効性を持つように思われる。しかし、リスク評価の文脈でさまざまな不確定性が客観的な評価の阻害要因として指摘されているのと同様に、デュアルユース研究技術の評価に関しても複数の不確定性が存在する。特に顕著なのは、研究者らの意図に反したデュアルユース研究技術の悪用・誤用の発生確率やその影響の大きさの不確定性だ。通常デュアルユースジレンマにおいて想定される負の影響は、研究開発を実施・推進した本人ではなくその成果の使用者によって引き起こされると想定されるため、結果の間接性をともなう。ところが、研究成果を第三者が悪用する可能性を予見することは著しく困難であるうえに、悪用がもたらす影響は第三者の意図や能力に大きく依存する（Tucker 2012）。仮に第三者が悪用に及ぶ可能性やその影響の大きさを把握できたとしても、ジレンマを構成する選択肢間の期待価値の差に対してどのような方策を対応づけるべきか、という問いはなお開かれている。

デュアルユース研究技術にともなう不確実性を踏まえたうえで、このジレンマに対してどのように対処すべきだろうか。ジョナサン・B・タッカーは、①リスク評価のプロセスに関与する主体の多様化によってリスク評価の精度を向上させること、②研究者が自主的に策定する学会ガイドラインのようなソフトな手段や罰則をともなう法的規制等を組み合わせることによって「予防の網」（web of prevention）を構築することを提唱している（Tucker 2012）。こうした重層的な評価・管理体制を検討することは、研究者の社会的責任をめぐる論点と接合する形で研究者集団による自主規制を強調してきた日本国内の議論の傾向を見直すうえでも大きな示唆を有する（片岡・河村 2021）。

4　倫理的課題

本章では、軍民両用性と用途両義性という二つのデュアルユースについて概説し、この概念を通すことによって、科学技術をめぐる営みや政策がどのように理解・評価されるのかをみてきた。知識や技術の転用段階において現れるジレンマは、研究開発の実施・管理に関与する者に難しい規範的判断を迫る。本章では、安全保障、経済発展、科学技術の発展（研究者の自律性）といった諸価値の間での決定の問題に焦点を当てたが、デュアルユース研究技術をめぐる規範的課題はこれに尽きない。たとえば、個々の研究に関してどの程度の悪用リスクまでなら許容可能か、研究から生じうる利益と危害の分配はどうあるべきか、第三者による研究の悪用について研究者は個人あるいは集団としてどの程度の責任を負うべきか等々の問題がある。これらのリスク管理、正義、責任といった論点は、倫理学においてさまざまな行為や制度に対して繰り返し問われてきた主題である。私たちがデュアルユース研究技術と適切な関係を取り結ぶためには、デュアルユース研究技術の特性を踏まえたうえで、こうした倫理的課題にも応えていかなければならない（☞第10章）。

併せて読んで！　第1章、第2章、第10章、第12章、Part 3

注

（1）一九九五年に発生したオウム真理教による地下鉄サリン事件も科学技術のテロ転用が現実化した事例である。

（2）「用途両義性」は「善悪両用性」と表記されることもある（吉永 2017）。いずれの表記を用いる論者も、科学技術の利用に関する規範的判断を含む概念として使用している。

（3）もちろん生命科学以外の研究分野であっても同様の問題は想定可能であり（すでに顕在化している領域もある）、各領域の特性に応じた管理が求められる。

（4）ダグラスのアプローチの詳細と問題点については片岡・河村（2021）を参照されたい。

参考文献

Douglas, Thomas（2013）"An Expected-Value Approach to the Dual-Use Problem." In B. Rappert & M. J. Selgelid（eds.）, *On the Dual Uses of Science and Ethics：Principles, Practices, and Prospects*. Canberra, ANU Press, pp. 133–152.

Tucker, Jonathan B.（2012）"Review of the Literature." In Jonathan B. Tucker（ed.）, *Innovation, Dual Use and Security：Managing the Risks of Emerging Biological and Chemical Technologies*, Cambridge, MIT Press, pp. 19–44.

片岡雅知・河村賢（2021）「デュアルユース研究の何が問題なのか——期待価値アプローチを作動させる」『年報 科学・技術・社会』三〇、三五―六六頁。

川本思心（2017）「デュアルユース研究とＲＲＩ——現代日本における概念整理の試み」『科学技術社会論研究』一四、一三四―一五七頁。

小林信一（2017）「ＣＩＡ Ｉｎ-Ｑ-Ｔｅｌモデルとは何か——ＩＴ時代の両用技術開発とイノベーション政策」国立国会図書館調査及び立法考査局編『レファレンス』六七（一一）、国立国会図書館、二五―四二頁。

四ノ宮成祥・河原直人編（2013）『生命科学とバイオセキュリティ——デュアルユース・ジレンマとその対応』東信堂。

杉山滋郎（2017）『「軍事研究」の戦後史――科学者はどう向き合ってきたか』ミネルヴァ書房。

出口康夫・大庭弘継編（2022）『軍事研究を哲学する――科学技術とデュアルユース』昭和堂。

夏目賢一（2018）「デュアルユース技術研究の大学への期待と外交問題――日本の防衛技術外交と科学技術外交を通じた政策導入」『科学技術社会論研究』一六、一九一―二〇九頁。

吉永大祐（2017）「デュアルユース政策の誕生と展開――米国の事例を中心に」国立国会図書館調査及び立法考査局編『冷戦後の科学技術政策の変容――科学技術に関する調査プロジェクト報告書』国立国会図書館、七九―九八頁。


（小林知恵）

第10章　ＥＬＳＩ／ＲＲＩ

ＥＬＳＩ（Ethcal, Legal, and Social Issues/Implications）およびＲＲＩ（Responsible Research and Innovation）という枠組みは、科学技術と社会の健全な関係を考えるうえで重要な役割を果たしてきている。本章では、ＥＬＳＩ／ＲＲＩという枠組み[1]がそれぞれどのように定義されてきたか、どのような歴史的経緯を持つか、これまでにどのような役割を果たしてきているか（第1節および第2節）、そして現在どのような課題を抱えているのか（第3節）について整理を行う。

1　ＥＬＳＩの歴史的経緯とその特徴

科学技術の成果が社会のなかで実際に活用されるようになっていく過程で、「ＥＬＳＩ」という枠組みをもとにして、新しい科学技術が社会に与える影響を記述することの重要性が近年高まってきている。ＥＬＳＩは英語の Ethical, Legal, and Social Issues あるいは Ethical, Legal, and Social Implications の略であり、「倫理的・法的・社会的課題（あるいは含意）」などと訳されるのが一般的である。新しい科学技術が社会へ与えうる影響を予期し、特に負の影響について未然に防ぐことを目的として、ＥＬＳＩに関するさまざまな試みがなされている。もともとアメリカで一九九〇年に開始された「ヒトゲノム計画」と呼ばれるヒトのゲノム配列の解読を目指した大型研究プロジェクトでその取り組みが大々的に実施されたことで注目を集め、生命科学を中心に他の研究分野にも波及していった。

ヒトゲノム計画では、初代ディレクターのジェームズ・ワトソンの提案により、生命の設計図ともいわれるヒトゲノムを解読することで生じる倫理的および社会的な影響に関する研究に対して、プロジェクト予算全体の三パーセント（のちに五パーセントに増加）が充てられた。アメリカのＥＬＳＩ研究プログラムは、Implicationsという言葉を使っていたことからもわかるように、科学的な知識や技術自体の検討よりも研究が実施されたことが社会にもたらすインパクトに焦点を当てる傾向が強かった。一方、ヨーロッパではImplicationsという言葉の持つ付随的な意味合いを避け、科学技術の本質の一つの側面であることを強調するという意図を持って、代わりにAspectsという言葉を用いることが提案され、その頭文字を使ったＥＬＳＡという表現が使用されている。このようなＥＬＳＩ・ＥＬＳＡをめぐる取り組みは、アメリカで始まり、カナダやヨーロッパ諸国、そしてアジアにも拡がっており、近年では日本においても科学研究と社会のあり方を考えるうえでも重要な枠組みとなっている。

現代において、ＥＬＳＩやＥＬＳＡをめぐる取り組みに共通する特徴として、①未来の予期、②多様な利害関係者（ステークホルダー）との関わり、③科学研究との関わりが挙げられる。①未来の予期は、科学技術の未来を見通して、科学技術と社会のあいだに潜在的に存在する問題を同定することを指す（☞第5章）。②多様な利害関係者（ステークホルダー）との関わりは、研究者、政策立案者、業界のリーダー、一般市民など、多様な利害関係者と関わり、意思決定に多様な視点が考慮されるようにすることを指す。そして、③科学研究との関わりは、科学研究と社会が近い距離感のもとで共生的な関係を築くことで（Jasanoff 2005）、最先端の科学技術の影響をより身近な形で理解することを指す。

ＥＬＳＩに関する取り組みは、政策立案のために科学技術の社会的影響を多面的に予測・評価する手法である「テクノロジーアセスメント（Technology Assessment：ＴＡ）」とも深く関係している（☞第11章）。初期のテクノロジーアセスメントでは科学者を中心にその専門的な知見を集約することが目指されたが、その後多様なステークホルダーと積極的に関与するなかでより望ましい科学技術の実現を目指す「構築的テクノロジーアセスメント（Constructive Technology Assessment：ＣＴＡ）」などが行われるようになった。構築的テクノロジーアセスメントは、幅広い視点を考慮し、オープンで建設的な対話を促進することの重要性を強調しており、科学の進歩の方向性とその潜在的な影響が、複数のステークホルダーの集合的な知恵・経験・専門知識によって慎重に検討され、思慮深く導かれることを目指すものである。

こうした考え方を基盤として、具体的には（ａ）フォーカスグループインタビューや（ｂ）シナリオワークショップなど、ステークホルダーが透明性が高く建設的な対話を促進することを重視した方法論が用いられている（☞第7章）。（ａ）フォーカスグループインタビューは、少人数（四名から六名程度）の参加者が集まり、モデレーター（司会者）が参加者に質問を投げかけたり、話題を提供したりすることで、特定のテーマや問題について参加者が対話的に話し合うことを促し、参加者間の相互作用や関係性などのグループダイナミクスの影響を受けながら、それぞれの反応や考え方などを理解するために行われる方法である。一方で、（ｂ）シナリオワークショップは、異なる分野や専門知識を持つ参加者が協力して議論を進めることで、新たな視点やアイデアを生み出しながら、現在の状況から未来にどのような変化が起こる可能性があるかを探ることで、未来の複数のシナリオを作成・検討していく手法である。フォーカスグループインタビューやシナリオワークショップなどと呼ばれる協力者の対話を重視する方法を用いることで、多様なステークホルダーが抱えるニーズ・懸念期待などを汲み入れた形で、より健全な科学技術の発展が実現されると考えられている(2)。

2　RRIの登場

二〇一〇年代以降、ＥＬＳＩやＥＬＳＡとは異なる側面に着目した、「責任ある研究・イノベーション（ＲＲＩ）」や「責任あるイノベーション（ＲＩ）」と呼ばれる新たな枠組みが提案されてきている（Von Schomberg 2013, Owen et al. eds. 2013, Zwart et al. 2014）。その考え方はヨーロッパで二〇一四年に開始された研究開発プログラム「ホライズン二〇二〇」にも採用されている。ＲＲＩの緩やかな定義としては、「現在の科学技術に対する責任を皆で共有し、未来に対して配慮（ケア）すること」（Stilgoe *et al.* 2013: 1570）というものがある。この定義に従うと、過去を振り返る「回顧的（retrospective）」な手続きではなく、未来について考える「予見的（prospective）」な手続きによって科学技術に対する責任は果たされることになる。問われているのは「科学技術が社会に何をもたらすか」ではなく「私たちが科学技術によって何をもたらすことができるのか」であり、ＥＬＳＩやＥＬＳＡの取り組みが主に人文・社会科学の研究者によるプロジェクトとして委託されてきたのに対して、ＲＲＩは研究開発を行う研究者自身がそのような手続きに直接的に参加することを強く求めている。

ＲＲＩの枠組みは一般的に①「先見性（Anticipation）」、②「包摂（Inclusion）」、③「省察性（Reflexivity）」、④「応答可能性（Responsiveness）」という四つの次元から構成されることが主張されており、これらは合わせてＡＩＲＲなどと呼ばれる（Stilgoe et al. 2013）。まず①「先見性」は、科学研究やイノベーションをめぐる将来的な課題に対する予見の質を向上させることを意味し、科学知識の持つ複雑性や不確定性を明確に認識するという点において従来の「予測（prediction）」とは明確に異なる（Barben et al. 2008）。次に②「包摂」は、多様なステークホルダーとの関わりを持ち、その価値観を積極的に組み入れる姿勢を指す。③「省察性」は、研究者に限らず関与するすべてのステークホルダーが自身の活動を頻繁に見つめ直し、知識の限界について自覚的になったり、取り組む問題の理解が一つに限られないことに意識的になったりすることを求めている。そして、④「応答可能性」では、研究開発から社会実装に至るすべての過程において新しく現れる懸念点などに反応し答えることが想定されている(3)（Pellizzoni 2004）。こうした考え方を持つことで、社会のニーズや期待に応えた形で科学技術を発展させていくことが可能になる。

「責任ある研究」という言葉の背景には、過去に「無責任な研究（irresponsible research）」が行われていたという事実がある。有名な研究事例として、一九七〇年代までアメリカで行われていたタスキギー梅毒研究があり、科学者の社会的責任が問われるとともに、ベルモントレポートの制定などの研究倫理に関するルールの整備が促された。そうした明らかに倫理的に問題のある研究活動ではなく、「疑義ある研究活動（questionable research practices）」を行わないこと、前向きな言葉で言い換えると、「責任ある研究の遂行（responsible conduct of research）」を実現させることも近年ではますます重要視されてきている。それに加えて、研究が社会に対してどのようなベネフィット（便益）やリスクをもたらすかに関する配慮も求められる。実際の研究の場面では、倫理ガイドラインに従って疑義のない研究を進めることが強く求められているが、自身の研究が社会に与えうるさまざまな影響について応答可能にすることもまた、社会に対する責任を持つという点において重要な意味を持っている（☞第1章）。

ＲＲＩで特に強調されてきている考え方として、特定のステークホルダーだけに議論を閉じる（closing down）のではなく、企業やＮＧＯなど営利・非営利を問わず多様な組織や、広く市民に対して議論を開く（opening up）ことが挙げられる（Stirling 2008）。そのような手続きを重視し、前述のＡＩＲＲに併存する形で、ＡＲＥＡ（Anticipation, Reflection, Engagement, Action）という考え方が採用されることもある（Owen 2014）。先進的な科学研究を行う研究者は、このようなＲＲＩで想定される科学者としての役割を意識し、積極的に社会との関わり合いを図りながら、自身の研究の社会的な意義について考えることを求められている。

ＲＲＩの枠組みにおいては、科学研究の発展がイノベーションを導くという一方向的な流れとして考えられているのではなく、科学研究とイノベーションが密に絡み合う関係であることが前提されている点も重要である（Owen et al. eds. 2013）。科学研究とイノベーションが入り組んで発展するという見方に立つと、研究の開発段階から社会と接続し、先進的な研究を進めるうえでの社会的懸念・不安を抽出し、研究の設計に反映させるという姿勢がより重要になってくる。研究が行われ製品やサービスが完成し社会のなかに現れている「下流」ではなく、研究が現在進行系で行われている段階である「上流」で潜在化している社会的な懸念・不安を顕在化させるという「上流への参加（upstream engagement）」も二〇〇〇年以降ヨーロッパを中心として行われてきている（☞第8章）。

このように、先進的な科学研究を行う研究者にとって、ＲＲＩの枠組みで想定されている科学者としての役割を意識し、科学研究の内側にいる研究者だけでなく、科学研究の外側にいる多様なステークホルダーとの関わり合いを図ったり、自身の研究の社会的位置づけについてあらためて考えたりすることが、社会のなかで科学研究を行ううえでますます重要になってきている[4]。

3　ＥＬＳＩ・ＲＲＩの抱える課題

ＥＬＳＩやＲＲＩはどちらも社会にとって望ましい形で科学技術を発展させることを目指した枠組みだが、その実現に向けてはいくつかの課題も抱えている。まず、ＥＬＳＩがゲノム研究を発端に生命科学分野から広まっていったことを受けて、生命倫理や個人情報保護などの特定の問題に限定した取り組みとして解釈されることも多いという点が挙げられる。結果として、対象とする科学技術の内容を反映せず、取り組み自体がチェックリストを用いた確認の作業のように形骸化してしまう懸念が生じる。ＲＲＩはまだその実践についてさまざまな試みがなされている段階ではあるが、本来求められているような応答性を重視した手続きを実現するための負担は小さくなく、やはり形骸化の懸念はつきまとう。

また、ＥＬＳＩに関わる取り組みと科学研究自体の距離が近づくにつれて、その取り組みが科学研究を推進するための「下働き」になるといった批判もなされている（Huijer 2006）。そのような取り組みが多くの場合予算上も科学研究とは独立して存在しない弊害として、主体的に担う人文・社会科学の研究者が科学者に対して健全な批判を行うことが難しくなるといった懸念もある（Balmer et al. 2015）。従来のＥＬＳＩが科学技術の否定的（negative）な側面に焦点を当てていたことを踏まえて、近年では「ポストＥＬＳＩ（post-ELSI）」という枠組みにおいて、人文・社会科学の研究者がカメレオンのように柔軟に役割を変えてコラボレーションを円滑化させることで、科学研究を前進させるために人文・社会科学研究者が本来発揮すべき「批判性（critical capacity）」を存分に発揮していくことも提案されてきている（Balmer et al. 2015）。「共創」などの言葉で意図されるように、多様なステークホルダーが対等な関係を構築することが求められており、両者の関係性が固定化することなく、場面ごとに有機的に関係者間の協働のあり方が変わることが本来は望ましい。

併せて読んで！　第1章、第5章、第7章、第11章、第12章、Part 3

＊本原稿は、国立研究開発法人科学技術振興機構（ＪＳＴ）社会技術研究開発センター（ＲＩＳＴＥＸ）「科学技術の倫理的・法制度的・社会的課題（ＥＬＳＩ）への包括的実践研究開発プログラム」（ＲＩｎＣＡ）において助成されている「研究者の自治に基づく分子ロボット技術のＲＲＩ実践モデルの構築」内で作成したミニレポート「ＥＬＳＩとＲＲＩ」の原稿をもとに作成した。

注

（1）「ＥＬＳＩ／ＲＲＩ」という形で「ＥＬＳＩ」と「ＲＲＩ」を併記することは日本の特殊な文脈であり、海外ではこのような表記は基本的に採らない。ＥＬＳＩは部分的にＲＲＩと同化してきているという認識もあるが（Forsberg 2015）、「ＥＬＳＩ／ＲＲＩ」という併記方法を採る場合、実質的にはＲＲＩの話になっている場合も多く見受けられる。日本の科学技術行政において、ようやく「ＥＬ

SIなら聞いたことがある」という段階であり、次の枠組みのRRIという言葉を使うことができなかったという背景がある。こうした背景の詳細については、標葉（2022）を参照。

（2）　ELSIに関するより詳細な解説については、標葉（2020）を参照。

（3）　④応答可能性の具体例については、標葉（2020）において農芸化学会の事例が紹介されている。

（4）　RRIに関するより詳細な解説については、標葉（2020）や Stilgoe & Guston（2017）を参照。

参考文献

Balmer, Andrew S., Jane Calvert, Claire Marris, Susan Molyneux-Hodgson, Emma Frow, Matthew Kearnes, Kate Bulpin, Pablo Schyfter, Adrian MacKenzie & Paul Martin（2015）"Taking Roles in Interdisciplinary Collaborations : Reflections on Working in Post-ELSI Spaces in the UK Synthetic Biology Community," *Science & Technology Studies*, 28（3）, pp. 3–25.

Barben, Daniel, Erik Fisher, Cynthia Selin, & David Guston（2008）"Anticipatory Governance of Nanotechnology : Foresight, Engagement, and Integration," *The Handbook of Science and Technology Studiesm* 3rd edition, MIT Press, pp. 979–1000.

Forsberg, Ellen-Marie（2015）"ELSA and RRI—Editorial," *Life Sciences, Society and Policy*, 11（1）, pp. 1–3.

Jasanoff, Sheila（2005）*Designs on Nature : Science and Democracy in Europe and the United States*, Princeton University Press.

Huijer, Marli（2006）"Between Dreams and Reality : The Dutch Approach to Genomics and Society," *BioSocieties*, 1（1）, pp. 91–95.

Owen, Richard（2014）"The UK Engineering and Physical Sciences Research Council's Commitment to a Framework for Responsible Innovation," *Journal of Responsible Innovation*, 1（1）, pp. 113–117.

Owen, Richard, John Bessant, & Maggy Heintz（eds.）（2013）*Responsible Innovation : Managing the Responsible Emergence of Science and Innovation in Society*, John Wiley.

Pellizzoni, Luigi（2004）"Responsibility and Environmental Governance," *Environmental Politics*, 13, pp. 541–565.

Stilgoe, Jack & David H. Guston（2017）"Responsible Research and Innovation," *The Handbook of Science and Technology Studies Forth Edition*, The MIT Press, pp. 853–880.

Stilgoe, Jack, Richard Owen, & Phil Macnaghten（2013）"Developing a Framework for Responsible Innovation," *Research Policy*, 42（9）, pp. 1568–1580.

Stirling, Andy（2008）"'Opening Up' and 'Closing Down' Power, Participation, and Pluralism in the Social Appraisal of Technology," *Science, Technology, & Human Values*, 33（2）, pp. 262–294.

Von Schomberg, René（2013）"A Vision of Responsible Research and Innovation," In Richard Owen, John Bessant,

& Maggy Heintz (eds.), *Responsible Innovation : Managing the Responsible Emergence of Science and Innovation in Society*, John Wiley, pp. 51–74.

Zwart, Hub, Laurens Landeweerd, & Anne Van Rooij (2014) “Adapt or Perish? Assessing the Recent Shift in the European Research Funding Arena from ‘ELSA’ to ‘RRI’,” *Life Sciences, Society and Policy*, 10, pp. 1–19.

標葉隆馬（2020）『責任ある科学技術ガバナンス概論』ナカニシヤ出版。

標葉隆馬（2022）「特集に寄せて　知識生産をめぐる倫理的・法的・社会的課題（ＥＬＳＩ）と責任ある研究・イノベーション（ＲＲＩ）の現在と未来」『研究 技術 計画』三七(三)、二四六—二五一頁。

（菅原裕輝）

第11章　テクノロジーアセスメントとリスク

科学技術は社会に恩恵を与える一方、負の影響を与えうる。テクノロジーアセスメント（Technology Assessment：ＴＡ）は、このような科学技術により生み出される社会へのさまざまな影響への関心から始まった。初期のＴＡでは専門家によって議論がなされていたが、その後、専門家だけでなく、一般市民も含めた議論が行われるなど、ＴＡの形態は派生していく。

このようなＴＡの視点は、科学技術のベネフィットとリスクを考えながら利活用することと不可分でもある。リスク分析では、これら科学技術に対するリスクの規模を評価したうえで、管理を行い、周囲とのリスクに関する情報共有を行う。このような、科学技術に関するリスクをできるだけ小さくするための取り組みはリスク分析などと呼ばれている。

1　テクノロジーアセスメント

テクノロジーアセスメント（ＴＡ）は新しい研究や科学技術に対して、研究開発の早い時期から将来及ぼす影響を考える枠組みとして誕生した。ＴＡとは科学技術に対して、社会とのあり方や関係、影響について考え、今後どのように対処するかという意思決定を支援することである（吉澤 2009）。このようなＴＡの実践は、もともと専門家のみでなされていたが、一般市民が議論に参加するなど徐々に派生し、現在まで議論されてきた。

環境・公害問題とＴＡ

ＴＡは環境問題や公害問題の文脈から始まった。一九六〇年代は世界中でさまざまな科学技術が日常生活や社会で適用されるようになってきた反面、それが結果的にヒトを含めさまざまな生物、生態系、ひいては地球環境に悪影響を及ぼした。たとえば、殺虫剤として使用されるジクロロジフェニルトリクロロエタン（DichloroDiphenylTrichloroethane：ＤＤＴ）などの化学物質がよく知られている。このような問題に対して一九六〇年代初頭にレイチェル・カーソンが『沈黙の春（*Silent Spring*）』（Carson 1962）で問題提起をしたことは有名である。カーソンは本のなかで、本来春が来ると動物たちが現れ動き回るはずであるのに、何も出てこない静かな春（沈黙の春）がやってきたと形容した。そして、その要因が人間が撒いたＤＤＴをはじめとした殺虫剤であり、人間や虫・野生動物などへの副作用や、社会・自然への影響を知らないまま無計画に使用することはよくないと述べた。

ＴＡという言葉が生まれたのは、そのような問題について議論された一九六六年頃である。一九六六年にアメリカ下院の科学宇宙委員会科学研究開発小委員会が発表した報告書で、初めてＴＡという言葉が使われた。その後、テクノロジーアセスメント法（Technology Assessment Act）という法律が一九七二年にアメリカで制定された。この法律をもとに議会技術評価局（Office of Technology Assessment：ＯＴ

A）という機関ができ、アメリカでのＴＡに関する業務を遂行するようになった。ＯＴＡは、アメリカでの科学技術の長期間における影響を分析・予測し、場合によっては代替案を提示するという業務も担っていた。しかしながらＯＴＡは、予算不足や共和党と民主党の対立などを背景として一九九五年に解体されている。現在ではＯＴＡに代わり、政府監査院（Government Accountability Office：ＧＡＯ）がＴＡに関する機能を担っている。ほかにも、アメリカではシンクタンク、ＮＧＯ、大学などでＴＡに類似した活動がされている（城山ほか 2011；標葉 2020）。

参加型ＴＡの登場

アメリカのＯＴＡが実施するＴＡは、専門家のみによって行われるものであった。しかしながらヨーロッパではステークホルダー（利害関係者）や市民など、専門家以外の人も関わる手法が模索された。これを、参加型テクノロジーアセスメント（Participatory Technology Assessment：ｐＴＡ）と呼ぶ。ｐＴＡは、イギリスで一九九〇年代前半に起きた、牛海綿状脳症（ＢＳＥ）問題の際も着目された（藤垣 2018）。

ＢＳＥは、ウシの脳に異常が生じ、行動が変則的になる病気である。飼育されているウシの一部は肉骨粉が混ぜ込まれた餌を食べていた。肉骨粉の中には時折、異常プリオンと呼ばれるタンパク質の変異したような物質が存在する。そのような異常プリオン入りの肉骨粉を食べて育ったウシの体内に異常プリオンが蓄積する場合がある。蓄積された異常プリオンが潜伏期間を経て脳に作用し、脳がスポンジ（海綿）のようになってしまって行動に異常をきたすのがＢＳＥという病気である。ＢＳＥが流行したため、牛肉の消費量が減少したが、それに対し危機感を持ったイギリス政府が科学的な判断をもとに、ＢＳＥはヒトには感染しないので安全であると公言した。しかし、数年経って、ヒトに感染する可能性があるということが判明した。ここから市民の科学に対する不信感が高まり、ＢＳＥ問題が生じた。そしてこのＢＳＥ問題をきっかけに、市民が科学技術のガバナンスに参加することの重要性が認識された。

デンマークでは、一九八六年、科学技術の影響を独立した形で評価し、助言するＴＡ組織であるデンマーク技術委員会が作られた。このデンマーク技術委員会の活動の一つとして、pＴＡの方法の一つである「コンセンサス会議」が行われるようになった（三上 2021）。そのときのテーマは、工業と農業における遺伝子工学であった。コンセンサス会議は、自治体の縮小版になるような人口構成でメンバーが組まれ、さまざまな背景を持つ市民が参加して科学技術の社会導入について議論する会議である（☞第7章）。

日本でのテクノロジーアセスメント

日本にＴＡが導入されたのは、一九六〇年代末のことである（吉澤 2009）。現在の内閣府の前身機関でもある総理府の諮問機関である科学技術会議が、一九七一年に諮問に対する回答として答申を出している。そこでは、一九六〇年代に生じた公害問題があり、科学技術を社会で運用したことによる負の側面が明らかになったことから、科学技術のあり方について議論することの重要性が説明されている（科学技術会議 1971）。そして一九七〇年代から文部科学省の前身である科学技術庁などでＴＡが行われてきた。海外でのＴＡの議論と同様、日本のＴＡもやはり公害問題が発端であり、その後バイオテクノロジー分野などでTAが行われている。pTAについては、日本でもコンセンサス会議の実践例がある。日本では、遺伝子治療や遺伝子組換え作物などについてのコンセンサス会議が二十世紀終盤から二十一世紀初頭にかけて行われていた。

しかし、日本ではあまりTAが定着しなかった。理由は複数あるが、一つには研究者や技術者の求める研究の速さと、自分たちの意見が適切に反映されるべきという市民の感覚が合わなかったためである。他の理由として、アメリカのようにTAを実施するための法制度の整備が行われていなかったことが挙げられる。

リアルタイム・テクノロジーアセスメント、責任ある研究・イノベーションへ

一方、二十世紀終わり頃にオランダでは構築的テクノロジーアセスメント（Constructive Technology Assessment：CTA）という枠組みが開発された。CTAは、研究開発の間にTAを何度も入れ込み行うものである。研究開発とTAを同時並行で行うことにより、市民の考えをより直接的に研究者や技術者側に伝えることが可能である（Schot & Rip 1995）。

科学技術に対する社会的な側面からみた懸念や課題を示す倫理的・法的・社会的課題（ELSI）は、ヒトゲノム計画をきっかけに提唱された（☞第10章）。そして、このELSIとTAから発展した概念がリアルタイム・テクノロジーアセスメント（Real-time Technology Assessment：RTTA）である。RTTAは、研究の上流から自然科学、工学、社会科学などさまざまな研究分野が協調し研究開発が実行されることのほか、研究の位置づけの把握を行い、社会からの関心はどのようなものなのか、社会からどの

ように位置づけられるか、研究の状況はどのようなものかということを検討することが特徴である（Guston & Sarewitz 2002）。

ヨーロッパでは先ほど述べたＣＴＡが定着し、さらにアップストリームエンゲージメントの議論につながっていく。これは、研究や技術の開発の初めの段階から、さまざまな人々と対話をしながら新しい科学技術を開発するというものである。このアップストリームエンゲージメントやＲＴＴＡをめぐる議論、そしてＥＬＳＩをめぐる議論の蓄積などが合わさり、二〇一〇年代に入り責任ある研究・イノベーション（ＲＲＩ）という枠組みへと発展していくことになる（☞第10章）（藤垣 2018；標葉 2020）。

2　リスク

リスクとは

リスクは、公衆衛生学や工学など、さまざまな分野や業界で議論されている。たとえば、ＣＯＶＩＤ-19で注目を浴びた公衆衛生学の分野でリスクとは、人間の健康に関するリスクを示し、健康に関して回避したい結果の起こる確率などと定義される（緒方 2002）。

また、工業に関する規格（工業規格）でリスクが定義・規定されている。国際標準化規格（International Organization for Standardization：ＩＳＯ）という多くの工業規格を決定している機関があるが、そのＩＳＯが国際電気標準会議（International Electrotechnical Commission：ＩＥＣ）と合同で発表したISO/IEC GUIDE 51：2014では、「危害の発生確率及びその危害の度合いの組み合わせ（combination of the probability of occurrence of harm and the severity of that harm)」という定義がされている（JIS Z 8051：2015）。ちなみに他のＩＳＯによる規格をみてみると、ISO 31000：2018と呼ばれる規格ではリスクは「目的に対する不確かさの影響（effect of uncertainty on objectives)」とも定義されている（JIS Q 31000：2019）。これらの定義は日本でも使われており、国内では日本産業規格（Japanese Industrial Standard：ＪＩＳ）の管轄とされている。

ベックのリスク論

リスクが注目されているのは公衆衛生学や工学だけでなく、社会学でもその議論はなされている。代表的な論者がウルリッヒ・ベックである。ベックはその主著『危険社会』などで、現代における突出した問題の側面としてリスクのグローバル化や、リスクの不均等分配などについて論じている。

リスクのグローバル化は、現代社会は国境に関係なく世界中がリスクにあふれているということを軸に展開した議論である。人々が国境を越えて活動するに従い、これまでは関係がなかった多様な分野や共同体同士で交流するようになる。それにともない、国境を越えた環境問題などのリスクも生じる。そのようなリスクにあふれたリスク社会では大小さまざまな組織やコミュニティにおける意思決定に関する過程を公開することが理想であるという考え方がリスクのグローバル化である（Beck 1999）。

しかしながら現実には、時代や文化や言語の相違により、リスクの共有が困難になっている部分もある。また、リスクは、人々に平等に分配されるわけではない。裕福であればリスクから逃げる手段の選択肢ができ、リスクは小さくなるのに対し、貧困の場合にはリスクは大きくなってしまう。これをリスクの不均等分配と呼ぶ（Beck 1986）。

リスク分析

前の項目でリスクについての定義や、リスクとはどのようなものかを概観した。そのリスクはどのように分析され、また管理されているのだろうか。「リスク分析（Risk Analysis）」では、リスク評価、リスク管理、リスクコミュニケーションの三つの順序によって分析と管理が行われると説明されている。

リスク評価では、事故などがどのような規模感で、どのような確率で起きて、どのように社会や環境、健康などに悪影響があるかということを調査する。リスクとベネフィットを天秤にかけるというように、その評価したリスクのベネフィット（便益）とのバランスをみながら、経済的、法的、社会的に管理するシステムがリスク管理である。このときできるだけリスクが小さくなるように管理する。そしてリスクコミュニケーションは、その起こりうるリスクを管理するためにも、さまざまな人と信頼関係を構築したうえで情報や考えを共有することを指す（平川 2011；標葉 2020）。

社会的な懸念に対する評価

国際リスクガバナンス会議（International Risk Governance Council：ＩＲＧＣ）はたびたび、社会的な懸念に対する評価について言及している。二〇一七年にもその評価を出した。その評価では下記の六つのポイントが重視されている。①ステークホルダーはリスクに関してどのような価値観を有しているのか、どのように関心を持っているのか、そしてステークホルダーの関心の度合いや価値観にどのような違いがあるのか、②人々の感じるリスクや懸念に対して、どのようなバイアスがかかっているのか、③関係者、およびステークホルダーは社会学的、人類学的、組織的な制約がかかっているのか、④リスクに対してどのような社会からの反応があるのか、どのように人々は反応するのか、政治的・社会的反応はあるのか、⑤組織や行政、メディアはどのように人々の懸念を代弁し対応する役割を担うのか、⑥それぞれ異なるリスクに対する価値観や、ステークホルダーの考え・思いや価値観の違い、ベネフィットとリスクに対する不均等配分のなかでどのようにリスクを管理する側は対立した議論をファシリテートする傾向にあるのか（IRGC 2017；標葉 2020）。

このように、さまざまな制約のあるなかで、人々はリスクに対する関心や価値観を有していて、その人々それぞれの有する見方に対して、どのように折衝していくか、どのように対応していくのかということが、リスクに対する対応を考える際には重要であろう。

3　生まれつつある科学技術と社会との取り組み・評価

科学技術に対するアセスメントやリスクへの視点を、TAやリスク分析の枠組みを用いつつ紹介してきた。そして現在では、より萌芽的な段階の科学技術に対する評価、もしくは科学技術と社会に対しての構築を行おうとしている役組みが積極的に議論されるようになってきた。その代表的な議論がRRIである。RRIは研究の初期の段階から、さまざまなステークホルダーを含めた議論を行い、研究を構築し、現在と未来の社会に責任を持とうとするプロセスである（☞第10章）。そして研究に関する活動を実施するに従って、新規産業や政策立案もしくは人材育成のためのヒント、そして新しい文化価値も生じる。その過程では、科学技術が持つ幅広い影響（インパクト）をめぐるアセスメントも積極的に考えられるようになりつつある（標葉 2020）。

リスクに代表されるように、科学技術の幅広い影響をめぐる数多くの視点が提案され、また実際の分析が実施されている。そのなかで、絶えず新しい知見や萌芽的科学技術などに対して将来起こりうる多くの影響が考えられ、管理され、考慮されているのである。

併せて読んで！　第1章、第2章、第7章、第10章、Part 3

＊本稿を作成するにあたり金燕様から有益なコメントをいただきました。感謝申し上げます。

参考文献

Beck, Ulrich（1986）*Risikogesellschaft—Auf dem Weg in eine andere Moderne*, Suhrkamp.（『危険社会——新しい近代への道』東廉—伊藤美登里訳、法政大学出版局、一九九八年）

Beck, Ulrich（1999）*World Risk Society*, Polity.（『世界リスク社会』山本啓訳、法政大学出版局、二〇一四年）

Carson, Rachel（1962）*Silent Spring*, Fawcett World Library.（『沈黙の春』青樹簗一訳、新潮文庫、一九七四年）

Guston, David H. & Daniel Sarewitz（2002）"Real-time Technology Assessment," *Technology in Society*, 24, pp. 93–109.

IRGC（2017）*Introduction to the IRGC Risk Governance Framework*. https://irgc.org/wp-content/uploads/2018/09/IRGC.-2017.-An-introduction-to-the-IRGC-Risk-Governance-Framework.-Revised-version.pdf（最終アクセス日二〇二三年八月十八日）

Schot, Johan & Arie Rip（1995）"The Past and Future of Constructive Technology Assessment," In Rip Arie, Misa Thomas, & Schot Johan（eds.）, *Managing Technology in*

Society: The approach of Constructive Technology Assessment, Pinter, pp. 251-268.

緒方裕光（2002）「リスクの概念について」『保健物理』三七（二）、一〇四―一〇七頁。

科学技術会議（1971）『諮問第5号「1970年代における総合的科学技術政策の基本について」に対する答申』。

標葉隆馬（2020）『責任ある科学技術ガバナンス概論』ナカニシヤ出版。

城山英明・吉澤剛・松尾真紀子（2011）「TA（テクノロジーアセスメント）の制度設計における選択肢と実施上の課題―欧米における経験からの抽出」『科学技術研究論文集』八、二〇四―二一八頁。

平川秀幸（2011）「リスクガバナンスの考え方」「環境リスク管理のための人材養成」プログラム編『リスクコミュニケーション論』大阪大学出版会。

藤垣裕子（2018）『科学者の社会的責任』岩波書店。

三上直之（2021）「科学技術への市民参加の背景と展開」八木絵香―三上直之編『リスク社会における市民参加』放送大学教育振興会。

吉澤剛（2009）「日本におけるテクノロジーアセスメント――概念と歴史の再構築」『科学技術研究論文集』第六号、四二―五七頁。


（西　千尋）

第12章　市民科学とオープンサイエンス

科学は必ずしもそれを職業とする研究者だけが行うものばかりではない。数世紀前に遡れば、一般の人々が科学的活動に参加するのは決して特異なことではなかった。そして現在、科学は科学者や専門機関といった枠組みを超え、再びより多くの人々に開かれようとしている。インターネットを通した研究成果の公開や情報交換は、科学的成果のみならずそれを生み出す活動へのアクセスを容易にし、地理的な境界を越えた広大な研究ネットワークの構築を可能にしている。ただし、社会にとって科学的活動やその成果が身近になる一方で、市民と科学者が共同する際の力関係や、科学技術が身近になることで生じうるリスク、データの信頼性の問題など、考えるべき問題も鮮明になっている。本章では、国内外の具体的な取り組みを紹介しながら、社会に開かれる科学という観点から特に市民科学とオープンサイエンスに関する動向を整理し、近年における科学と社会の関係性の変化をみてゆきたい。

1　市民科学

市民科学の再評価

　市民科学とは、専門家ではない一般の人々が科学的活動に参加する活動全般を指す。英語ではシチズンサイエンス、時にはコミュニティサイエンスなどとも呼ばれる。読者は市民科学という言葉にはあまり馴染みがないかもしれないが、実は数世紀にわたる歴史を持つ。特に、自然界に存在する動植物や鉱物を収集し、その種類や性質を分類・整理する博物学は、古くから市民の活動によって支えられてきた分野である。たとえば十七〜十八世紀のヨーロッパでは、植物、昆虫、鳥類などの自然標本の収集・分類を行う市民のグループが存在し、彼らの活動は博物学の発展に大きく貢献した（小堀 2022）。また日本でも、一九三〇年代に発足した日本野鳥の会のように、鳥類学者と愛鳥家がともに野鳥観察と保護に取り組んできた例がある（瀬戸口 2010）。このように、過去における職業科学者とアマチュア研究者の境界は曖昧なものであった。だが、十九世紀末から二十世紀初頭にかけて科学の専門化が進み、科学研究の場が大学へと移行してゆくにつれ、職業科学者と市民は切り離されていった。二十世紀後半では、高木仁三郎の市民科学運動に代表されるように、大学の外において科学に対して批判的な眼差しを向ける活動としても展開された（高木 2014）。

　しかし一九九〇年代以降、世界的に市民科学を再評価する動きが高まり、科学技術にまつわる議論や研究のプロセスに、行政や高等研究機関だけでなく、一般の人々がともに関わることの重要性が徐々に認められるようになった。この再評価には、アメリカの鳥類学者リック・ボニーとイギリスの社会学者アラン・アーウィンが、それぞれ一九九〇年代半ばに展開した議論が大きな影響を与えている。ボニーは、急速に発展する情報通信技術を活用し、多くの人々がボランティアとしてデータ収集や分析活動に参加することによって研究が効率的に促進されるといった、市民科学の実際的なメリットを強調した（Bonney 1996）。一方アーウィンは、市民と科学の関係に批判的なまなざしを向けつつ、専門家だけが科学技術のあり方を決定するのではなく、さまざまな意見やニーズを考慮しながら社会にとって望ましい科学技術のあり方を市民とともに検討してゆく必要性を喚起した（Irwin 1995）。これらの議論を受け、専門家と市民の協調的な関係性が目指されるようになった。行政側から市民科学を奨励する例も増え、研究、教育、政策提言など多岐にわたり市民が加わる機会が多くなっている（日本学術会議若手アカデミー 2020；小堀 2022：19）。

多様な市民の参加のあり方と透明性の問題

市民科学は広範な活動を包括する広い概念であり、プロジェクトによって、市民の参加の程度、対象範囲、方法には違いがあり、大きく分けて以下の三つの枠組みに分けられる（Woolley et al. 2016）。一つ目は、市民が単にデータを提供する「被験者」の役割を担うものである。たとえば医療データの提供などがそれにあたり、データの分析や判断は科学者の領分となる。二つ目は、人々が科学的施策の評価やデータ収集に協力するが、どこまで市民が関与するかを決める権利は研究を主導する科学者が持つものである。たとえば鳥類観察や天体観察は、科学者が用意した様式に沿って市民が調査を行う点でこの枠組みに当てはまり、市民は調査のデザインには介入しない。三つ目は、市民が研究課題の設定などにも関わる、もっとも積極的な参加の形である。たとえば医学研究や臨床試験について、ある病気の患者やその家族、介護者などが医師や研究者とともに研究方針や治験プロセスを議論し、その議論の内容が実際の研究や臨床試験に反映されるような場合がこれに該当する。このように、一言に市民科学といっても市民の参加の度合いは幅広い。これらのいずれかが正しいというわけではなく、研究の目的や、科学技術が社会に及ぼしうる影響の大きさに応じて、適切な枠組みが選ばれることが望ましいだろう。

市民科学を主導する行政や高等研究機関側にとって、留意すべきなのはプロジェクトの透明性である。科学的研究や議論の場に市民を招き入れたとしても、市民にどのような役割が期待されているのか、市民がどのような利益を得られるか、研究成果がどのように発表されるのかといった点に関する説明が十分に行われなければ、結果的には市民参加のあり方を決定した側が市民からデータや労力を一方的に搾取することにもなりかねない（中村 2008）。プロジェクトに関与するすべての主体が利益を得るために、協力する市民の役割や彼らに対するフィードバックの方法などを明確にしておくとともに、計画の策定からデータ収集、データ分析、結果発表に至るまでのあらゆるプロセスを可視化することが重要である。その重要性を鑑み、欧州では「市民科学十原則」なども策定されている。

ツールの共有による市民科学の普及

近年の市民科学プロジェクトに目を向けると、市民が科学的活動に参加するためには、研究に使われるツールの共有や製作も重要な要素であることがわかる。スマートフォンの利用は言うまでもなく、測定に用いられる機器や実験装置などがますます小型化して持ち運びやすくなったこと、さらには3Dプリンタなどを利用して手軽に自作できるようになったことが、一般の人々の科学的活動への参入をより容易にしている。

たとえば二〇〇〇年代半ばから現れた「DIYバイオ（Do-it-yourself biology）」は、実験室で行われている科学的実践をより開放的なものへと変えてゆくことを目指した比較的新しい市民科学運動である。一般的に、細胞やDNAを用いた生物学の実験には高価な機器や試薬が必要であり、それらを揃えた大学や企業の実験室に所属していない限り研究に携わることは難しい。DIYバイオは、こうした生物学実験のハードルの高さに問題意識を持ち、通常では高価で入手が難しい実験機器・実験ツールを中古品やDIYで代替したり、実験方法やDIYのノウハウをインターネット上で公開したりすることで、一般の人々が大学や企業などの専門的な研究施設の外部で生物学実験を行えるようさまざまな工夫を行っている。さらに、実験設備を備え、地域住民に開かれた「実験室」であるコミュニティラボ（オープンラボとも呼ばれる）も世界各地で増えており、生物学に関心のある市民が集う場となるなど、科学が行われる場自体も多様化している。DIYやインターネット上の情報公開によって、かつては手が届かなかったテクノロジーがより身近になったことも、市民科学の普及を後押ししている。

科学技術の普及にともなう倫理面・安全面の懸念

その一方で、技術が悪用される、あるいは誤って事故を起こしてしまうのではないかといった倫理面・安全面での懸念もある。その一例に、分子生物学技術の社会的広がりとそれに対する懸念が挙げられる。近年、分子生物学技術の進展にともない、遺伝子組換えが技術的により容易となりつつある。それに従い、高度な専門性を持たない人々であっても生物の「デザイン」を行うことが不可能ではなくなっている（クルーデルほか 2018）。このことは、合成生物学の国際大会「iGEM」において、大会に参加する学生グループが「BioBricks」と呼ばれる標準化された遺伝子配列を用いてユニークな合成生物を作れるかを競い合うという状況にも反映されている。バイオテクノロジーがこれまでより多くの人々に普及することで技術の可能性が広がる反面、バイオセーフティやバイオセキュリティ（☞第9章）、生命倫理に関する問題を考える必要も生じている。現在、誰もが比較的容易に生命技術の応用領域に足を踏み入れることが可能となったことによって起こりうる問題とは何か、そして、そうした問題に対する責任の所在や規制をどうすべきかについては、いまもなお議論が続いている（☞第19章）。

2　オープンサイエンス

インターネットを通したデータの共有とアクセスの拡大

科学的研究は集団的・共同的な営みであり、さまざまな人々の知識が結集することで発展を続けてきた。ただし、過去における科学的知識の共有範囲はそれぞれの分野の研究コミュニティという狭い領域にとどまる傾向にあり、分野外の研究者や一般市民にとってはアクセスが困難であった。これに対してオープンサイエンスは、インターネットを通したデータの共有とアクセスの拡大を通し、科学を「開く」ことを目指した活動の総称である。日本でも二〇一九年からオープンサイエンスをテーマとしたカンファレンス「Japan Open Science Summit（ＪＯＳＳ）」が開催されるなど注目を集めている。科学技術政策においてもオープンサイエンスは重視されており、オープンサイエンス化に向け、研究インフラの整備や金銭的な支援が現在国家レベルで進められている（☞第10章）（日本学術会議オープンサイエンスの深化と推進に関する検討委員会 2020）。

研究成果のオープンアクセス化

科学的な研究成果は紙媒体の学術雑誌に掲載されるのが一般的であるが、学術雑誌の多くは大学図書館や研究所などの専門機関にのみ収蔵されており、購読料も高価であるため、誰もがすぐ簡単にアクセスできるものではない。だが、近年では学術雑誌もオープンソース化が進み、紙媒体だけでなく、インターネット上でも論文を公開する雑誌も増加している。さらに、ResearchGate や Academia.edu などの研究者向けのソーシャル・ネットワークサービスを通し、論文の著者自らが論文を公開することも増えてきている。このように、インターネットの活用は研究成果の公表のあり方に多大な影響を与え、オンラインを介してより広い読者層に向けて研究成果が発信されるようになった。

また、コーネル大学が一九九一年に開始した arXiv.org に代表されるように、「プレプリント」と呼ばれる正式に学術雑誌に掲載される以前の論文の公表も普及してきている。通常、研究者が研究成果を学術論文として発表しようとするときは、論文の投稿後、その分野の専門家が投稿された論文の内容の妥当性や質を精査し、論文が掲載に値するかを判断する査読と呼ばれる手続きがある。この査読プロセスには時間を要するため、プレプリントを公表することは、研究成果をいち早く発表できるという利点を持つ。加えて、投稿されたプレプリントを幅広い読者が読み、時にはその内容にコメントを寄せ、それに対して著者が論文の内容を随時アップデートするなどの双方向的なコミュニケーションと臨機応変な対応が可能であることも利点である。ただし、プレプリントにはこうしたさまざまな利点が認められる一方で、データや主張が信頼に足るかが未確定であることや、プレプリントであることが周知されぬままそれが確固たる科学的事実としてSNSなどで拡散されるおそれがあることなど、いくつかのリスクを含み持っている。

インターネットを活用した市民科学プロジェクト

市民科学にとっても多くの場合インターネットは切り離せず、オンラインプラットフォームやアプリを活用したクラウドソーシング型のプロジェクトは近年のプロジェクトの大多数を占めている。たとえば世界でもっともユーザー数が多く有名な市民科学プロジェクトに、生物多様性の調査のために開発されたオンラインプラットフォーム「iNaturalist」がある。二〇二三年七月時点での iNaturalist の登録者は約六百七十万人で、観察記録は一億件を超える。利用者は、自宅の庭や、旅行先などで発見した動植物の観察記録を iNaturalist のウェブサイトやアプリから自由に投稿することができ、集められた観察記録は観察地と観察時間とともに地図上で一覧できる。iNaturalist を通して収集された生物多様性のデータはオープンデータとしてさまざまな研究に活用されている。さらに、iNaturalist 上で市民が自主的に立ち上げたプロジェクトも数多くあり、学術的な研究のみならず市民の問題関心に基づいた研究にも役立てられている。

日本国内では、人々が身の回りで見かけたマルハナバチという蜂の写真を位置情報とともに送信し、それらの情報をもとに全国のマルハナバチの分布状況を明らかにした「花まるマルハナバチ国勢調査」や、スマートフォンで撮影した雪の結晶の画像をTwitterユーザーでハッシュタグとともにアップロードするように呼びかけ、首都圏の降雪雲の特性を調査した「#関東雪結晶プロジェクト」といったユニークなプロジェクトが数多く展開されている。このように、インターネットを介した市民のボランティア的な貢献を通して、近年の市民科学ではかつてない規模とスピードでの効率的なデータの収集・分析が成し遂げられている。

3　変わりゆく科学と市民の関係性

本章でみてきたように、科学に対する市民の関与のあり方や研究成果の共有の形は近年大きく変化している。科学へと通じる回路は多様化し、ますます多くの人々が科学に関わる議論や実践の場に参入することが可能となっている。こうした展開とともに、「科学」とは何なのか、もしくは「科学者」とは誰なのかといった、根本的な問いへと立ち返ることが求められている。科学者が研究データや研究成果を研究コミュニティの外に向けて発信し、それと同時に多くの市民が科学的活動に関わり、自らも情報の発信者となることで、市民と科学の距離は遠いものではなくなり、従来考えられてきた「科学」と「科学者」の輪郭は確実ではなくなってきている。科学のあり方の変化とともに、「科学」の概念そのものもまた、問い直される局面を迎えている。

併せて読んで！　第1章、第2章、第9章、第10章、第14章、第19章

参考文献
Bonney, Rick (1996) "Citizen Science: A Lab Tradition," *Living Birds*, 15 (4), pp. 7–15.
Irwin, Alan (1995) *Citizen Science: A Study of People, Expertise and Sustainable Development*, Routledge.
Woolley, J. Patrick, Michelle. L. McGowan, Harriet.J. A. Teare, Victoria. Coathup, Jennifer. R. Fishman, Richard. A. Settersten, Jr., Sigrid Sterckx, Jane Kaye, & Erick. T. Juengst (2016) "Citizen Science or Scientific Citizenship? Disentangling the Uses of Public Engagement Rhetoric in National Research Initiatives," *BMC Medical Ethics*, 17 (33), pp. 1–17.
尾城孝一（2020）「進化するプレプリントの風景」『情報の科学と技術』七〇（二）、八三―八六頁。
クルーデル、ナタリー、レイチェル・バーンスタイン、カレン・イングラム、キャスリン・M・ハート（2018）『バイオビルダー――合成生物学をはじめよう』津田和俊監訳、片野晃輔・西原由実・濱田格雄訳、オライリー・ジャパン。
小堀洋美（2022）『市民科学のすすめ――「自分ごと」「みんなごと」で科学・教育・社会を変える』文一総合出版。
瀬戸口明久（2010）「狩猟と動物学の近代――天皇制と「自然」のポリティックス」『生物学史研究』八四、七三―八三頁。
高木仁三郎（2014）『市民の科学』講談社。
中村征樹（2008）「科学技術と市民参加――参加の実質化とその課題」『待兼山論叢　哲学篇』四二、一―一五頁。
日本学術会議オープンサイエンスの深化と推進に関する検討委員会（2020）『オープンサイエンスの深化と推進に向けて』https://www.scj.go.jp/ja/info/kohyo/pdf/kohyo-24-t291-1.pdf（最終アクセス日二〇二三年八月十八日）
日本学術会議若手アカデミー（2020）『シチズンサイエンスを推進する社会システムの構築を目指して』http://www.scj.go.jp/ja/info/kohyo/pdf/kohyo-24-t297-2.pdf（最終アクセス日二〇二三年八月十八日）
ニールセン、マイケル（2013）『オープンサイエンス革命』高橋洋訳、紀伊國屋書店。

（桜木真理子）

第13章　マルチスピーシーズ民族誌

人間の諸活動が地質学的なスケールで生態系を不可逆的に改変する「人新世」（☞第21章）では、気候危機により自然災害が激甚化し、土地収奪的なプランテーション開発によって生物多様性が減少し、ウイルスを媒介する生物の生息域が広がることで人獣共通感染症のリスクが高まる。これらがどのように影響を及ぼしあうかについてはつねにブラックボックスであり、不安定な関係性の編まれ方によって、〈人間〉の範疇は暫定的で流動的なものとなる。このような捉え方を分析の出発点としているのが本章で取り上げるマルチスピーシーズ民族誌だ。人新世の提唱と同じ頃に文化人類学で興隆し、科学技術社会論（ＳＴＳ）、フェミニストスタディーズ、先住民研究、人文地理学、政治生態学など複数の潮流を架橋している。複数のアクターの予期せぬつながりによって生起し、翻訳され、再話される〈自然〉とは何か？　その〈自然〉に埋め込まれた科学知とは何か？　どのような暴力が排他的に他の存在を資源化しているのか？　人間、動植物や微生物など人間以外の他種、ウイルス、機械装置、霊、土地や景観といった複数の存在との政治・経済・文化・情動的な絡まりあいを通して、〈人間なるもの〉の範疇を再考するのがマルチスピーシーズ民族誌である。

1　マルチスピーシーズ民族誌とは何か――複数の要素の重なりを／で考える

文化人類学では、動物は人間文化における象徴的な価値や、生業を維持するための対象として客体化のプロセスに位置づけられてきた。二〇一〇年以降展開を続けるマルチスピーシーズ民族誌は、こうした系譜を辿りながらも諸存在の相互的なダイナミズムやその政治的・文化的・社会的作用に強い関心を寄せている（Kirksey & Helmreich 2010：近藤・吉田 2021）。ここで、マルチスピーシーズ民族誌の論点の一つである近接性について人獣共通感染症の例から考えてみよう。農地開発による土地利用の改変や生産性を追求した集約的な畜産経営は生態系の生息環境に曖昧な境界を引き、その結果、未知のウイルスを私たちの生活に介在させてきた。野生動物や家畜動物の取引を介して、ウイルスは種間伝播しながら日和見的に遺伝子変異を繰り返す。新型コロナウイルス感染症によって明らかになったように、ウイルス、動物、人間……といった複数かつハイブリッドな集合体の行為主体性《エージェンシー》が絶えず生成されながら、私たちは共生集合体《ホロビオント》として生活空間や身体を共有している。フェミニスト科学哲学者のダナ・ハラウェイが「私たちが誰であれ、何であれ、（大地と）ともに作り、ともに成り、ともに構築する必要がある」（Haraway 2016：102）と提言したように、人新世の諸課題を検討するうえで、人間なるものの本性を類縁関係の網の目の中で考えるのがマルチスピーシーズ民族誌のアプローチである。

STSとマルチスピーシーズ民族誌

文化人類学におけるマルチスピーシーズ民族誌は、人間の本性とは種を超えた社会的・政治的・経済的・文化的関係であるという命題を出発点としている。人間と非人間的な他の存在が多種多様な集合体として世界を媒介し、認識し、再構成するメカニズムに分析の焦点を当てている。マルチスピーシーズ民族誌が提唱する「応答的注意力」(Rose 2004: 5)は、STS研究がもとより扱ってきた、実験室の内部で繰り広げられる知識生成にも向けられる。とりわけSTS系のマルチスピーシーズ民族誌研究は、文化人類学者ジョージ・マーカスが提唱した多拠点調査《マルチサイテッド・フィールドワーク》を手法としながら、微生物(Paxson 2012)、ウイルス(Lowe 2010)、化学物質や放射性物質(Ureta & Flores 2022)、ゲノム(Kirksey 2022)といった複数存在の環世界に入りこみ、異なるアクターの間で生じる緊張関係、即興的反応、政治交渉を明らかにしている。

たとえば、波を「領土、財産、関係性、組織を実体化する人工物」として考察する文化人類学者ステファン・ヘルムライクによれば、海洋システムの不確実性はつねに社会条件や政治的な制約に取り込まれる(Helmreich 2014: 279)。波高や周期などの海洋波浪データは、GPSセンサーを搭載した小型ブイによってローカルな海域ごとに観測されている。グローバルな気候モデルをもとに抽出された領域モデルを用いて一部の地域を詳細化する「ダウンスケーリング」が行われるが、その際、ある海域で観測するためにモデルを再調整した後に別の海域に持っていくと一定のバイアスがかかることがある。さらに、外来種対策や海洋生物多様性に関する政策課題をめぐって、それまで自明視されてきた〈自然〉は新たに境界づけられる。このように、ヘルムライクは海洋システムや海洋微生物の社会性がはらむ両義的な関係を「共-生政治《シンバイオポリティクス》」として考察した。

海洋変化、複数種、科学知

　ヘルムライクや後述するエベン・カークセイらを中心に提唱されたマルチスピーシーズ民族誌の視点を、今度は日本の事例から考えてみよう。筆者は海洋生態系に対する海洋酸性化の影響評価を分析する国内の海洋生態・生理学者に聞き取りを行っている。ここで明らかになるのは、海洋酸性化という生物地球化学的なインパクトを計測することの複雑さだ。彼らは、気候変動に関する政府間パネル（ＩＰＣ）のシナリオをもとに二酸化炭素濃度を上げた沿岸生態系の擬似環境を屋内外に再現し、キタムラサキウニやエゾバフンウニ、マガキなどの幼生に対する海洋酸性化の影響評価実験を行っている。海域ごとに異なる生物種、季節・時間ごとに変動する水素イオン濃度指数（pH）、陸や河川から流入する汚染物質によって、海洋酸性化の沿岸生物への影響評価は大きく変動する。さらに、台風による停電で飼育実験が中断したり、データ計測用のブイが海藻に覆い尽くされ記録できなくなったり、観測域周辺の船の出入りや波高の状況について研究者が地元の漁業者に助言を仰いだりすることは日常茶飯事だ。人間・機械装置・海洋環境とその都度もつれあいながら偶発的に生じる貝類の応答反応は、実験系として可視化されることがない。しかし実際には、貝類はさまざまな別個のアクターと関わりあう《インタラクト》と同時に、その関係性の網の中で分離不可能な存在として絡みあっている《イントラアクト／エンタングル》ことがわかる（Yoshida 2020；近藤・吉田 2021）。

2　科学知は誰のために標準化されるのか？

霊長類学の批判的研究、サイボーグ論、伴侶種論で知られるフェミニスト科学哲学者のダナ・ハラウェイ（1997, 2016）は、科学の客観性とは「状況に埋め込まれた知《シチュエイテッド・ナレッジ》」によって生成されることを明らかにした（☞第4章）。現象学者ガストン・バシュラールやブリュノ・ラトゥール（☞第3章）が扱ってきた「テクノサイエンス」という概念——すなわち科学的実践の社会的側面と、科学知の生成における技術の役割——をさらに発展させ、そこにジェンダーをめぐるパワーダイナミクスがどのように作用しているのかについて考察している。なかでも、ジョアンナ・ラスのSF小説に登場するクローン人間のFemaleMan©と、オンコマウスというトランスジェニックな動物（遺伝子導入動物）を対置させながら自然科学の普遍主義を再検討する試みは示唆深い。ハラウェイによれば、乳がん研究のための世界初の遺伝子改変マウスとして特許を取得したオンコマウスは、人間／動物、文化／自然といった二項対立的なカテゴリーを曖昧にする生命体である。こうしたトランスジェニックな生命体をめぐって、グローバル資本主義下のバイオテクノロジーとコーポラティズム[1]は、科学という聖域を女性化から守るため男性性を「慎み深い証人」に書き換えてきた（Haraway 1997）。客観的な観察者＝「慎み深い証人」という言説は、科学知識を権威づける公共空間、つまり厳重に管理された実験室にアクセス可能な特定の主体（資産家の白人男性）にのみ付され、女性やその他の存在——有色人種、労働者、自然——は絶えず切り離されてきた。

マルチスピーシーズ民族誌の学際的方法論と実践

今日マルチスピーシーズ民族誌家たちが取り組んでいる複数種のケアや正義、そして複数種が「ともに生きる」ことの政治性（共–生成論）、そして人新世をめぐる問いは、ハラウェイを中心とするフェミニストSTSや、ディペシュ・チャクラバルティらが牽引してきたポストコロニアル理論などのクリティカルヒューマニティーズ研究の流れを汲んでいる点を看過してはならない（Chao & Kirksey 2022）。〈人間なるもの〉と〈人間でないもの〉を非対称で二元論的に分け隔てるインターフェースを再生産しているのは、支配・収奪・永続的な管理に基づく植民地家父長主義（colonial patriarchy）である。言い換えれば、マルチスピーシーズ民族誌とは、特定の関係に埋め込まれた権力構造に注意を促すための手段として自然／文化の攪乱を試みるアプローチであるといえる。マルチスピーシーズ民族誌では、複数のアクターの関係性の近接と遠隔、スケールの近似と相違が議論の俎上に上げられる。ここで重要なのは、スケールとは単に相対的に固定化された大きさを指しているのではないという点だ。スケールとは、種、人種、資本、ジェンダー規範、社会階級との交差と権力の非均衡性を考察するための動的な尺度でもある。次節でもう少し具体的にみてみよう。

先住民科学とプラスチック汚染の「閾理論」

カナダはニューファンドランド・ラブラドール州にある「環境行動研究のための市民ラボ（Civic Laboratory for Environmental Action Research：CLEAR）」を運営する人文地理学者のマックス・リボロン（メティス）[2]は、著書『植民地主義としての汚染』で、植民地主義を拡張する手段としてのプラスチック汚染について考察した（Liboiron 2021）。廃棄物に関する社会学研究、フェミニストSTS、先住民研究、マルチスピーシーズ民族誌を横断的に架橋しながら、プラスチックの原料である化学物質ビスフェノールＡ（ＢＰＡ）が地域の生態系に与える影響について科学者がどうマッピングし、その科学的定義に内在する暴力がいかなるものであるかを明らかにしている。

タラ漁業を主要水産業としているニューファンドランド地方では、水揚げしたタラの胃袋からＢＰＡが検出されている。タラの胃袋というスケールで検出されるＢＰＡと、国際法や地域環境法の規制モデルのスケールで定義づけられるＢＰＡの物質性は異なる。すなわち、「科学的に検出可能な害が生じるまで、水、人間、その他の身体は一定量の汚染物質を処理できる」という一九三〇年代に確立された認識論のもと、一定の閾値まで汚染を容認するのが規制モデルのスケールである。これは「土地（「状況」に文脈づけられた大文字の"Land"）」が一定量の汚染廃棄物を代謝するという前提に基づいている。つまり、自然が廃棄物を代謝する能力に閾値を設けて汚染を普遍化することで、プラスチックの消費地から遠く離れた先住民の「土地（複数存在との相互包摂関係を指す小文字の"land"）」への植民地支配を実効化しているといえる。

さらにリボロンによれば、見かけ上の脱植民地主義的な環境保全プロジェクトやリサイクル事業という名目で先住民の土地にアクセスすることは、先住民の思想や土地の所有権を盗用し続けるという点で搾取の連動を生み出す危険性がある。ＣＬＥＡＲが実践する反植民地主義科学との協働があるとはいえ、依然として不均衡な資源関係が再生産される。こうしたヒエラルキーは、科学的合理性や信頼性、確からしさの参照点が特権的な学術研究者にのみ付されるという「引用の政治性」をも示唆している（実際にリボロンは脚注機能を使って人文・自然科学知をめぐる言説の脱植民地化を試みている）。マルチスピーシーズ民族誌もまた、このような反植民地主義科学を実践するための方法論であるといえるだろう。

不純な科学と残酷な楽観主義

続いて、フェミニストSTSの分析視角を取り込んだマルチスピーシーズ民族誌を紹介しよう。生命倫理が危機にさらされる人新世の時代に希望を持つことの意味について広く問題提起しているエベン・カークセイは、中国でゲノム編集ベビーが誕生するまでの政治的・情動的・言説的プロセスを考察している。二〇一八年、第二回ヒトゲノム編集国際サミットにて、南方科技大学（広東省深圳市）の研究者がヒトの受精卵にゲノム編集を行い、先天的にエイズウイルス（HIV）耐性を有する双子のゲノム編集ベビーが誕生したことが発表された。遺伝情報を操作するための安価な編集ツールであるCRISPR-Cas9を用いて、CCR5遺伝子をノックアウトし、HIV耐性というエンハンスメントを受精卵に施したのである。この研究者は、世界初のクリスパー・ベビーの誕生とHIV治療薬の開発を同時に行えば国家繁栄に寄与できるという夢と希望を掲げていた（☞第19章）。

カークセイによれば、ゲノム編集ベビーは「残酷な楽観主義（cruel optimism）」の帰結であるという。「残酷な楽観主義」とはフェミニスト理論家ローレン・バーラントによる概念で、現実の困難な状況にもかかわらず、理想化された未来や幸福な夢、欲望に個人や集団が執着し続ける傾向を指している。SDGsウォッシュなど実態的効果がともなっていない見せかけの気候変動対策や、グリーン投資に解決策を見出そうとする環境楽観主義などがその一例だ。これらが現実化しない場合、むしろ苦しみをもたらす場合がある。ゲノム編集ベビーは、子どもが欲しいと願う異性愛カップルの夢（子どもを産めば「HIV陽性」「子なし」という中国社会のスティグマから逃れられるという現実もある）、HIV感染症を克服するためのバイオテクノロジーの探求、そして国家主義的な栄光に対する執着が混在しているという点で

「残酷な楽観主義」である。自己決定権に委ねられるアメリカの生命倫理と脱中心化された中国の医療道徳、ＨＩＶ陽性患者やクィア活動家の夢、科学者やゲノム編集ベンチャーの欲望は、カークセイの言う「不純な希望」として入り混じっている。

しかし双子は、ＨＩＶ陽性という社会的なスティグマから解放される一方で怪物的な存在として認識された。何よりこのゲノム編集技術がＨＩＶ治療の推進に結びつくという確証はない。仮にゲノム編集を用いてＨＩＶ耐性を施した子どもの生殖補助医療が承認された場合、新たな生政治的状況がもたらされるかもしれない。カークセイは、こうした政治的、経済的、生物学的権力の相互的つながりを分析しながら、ゲノム編集されたヒト受精胚を「不純な希望」に満ちた準生物的存在として考察した（Kirksey 2022：47）。

3　マルチスピーシーズ民族誌を書くという応答責任について

これまで概説してきたように、複数の存在の政治・経済・文化・情動的な絡まりあいや、偶発的に生じる相関関係、それによって多層化する不均衡性をあぶり出しながら〈人間なるもの〉の範疇を再考する試みがマルチスピーシーズ民族誌である。「人新世」という時代区分が、人種やジェンダーといった現実社会の階層的差異を捨象しながら〈人間なるもの〉を一元化し、普遍主義を招く危険性をはらんでいるという指摘も、マルチスピーシーズ民族誌とフェミニストＳＴＳ研究に共通した問題意識を考えれば合点がいくだろう。突き詰めればマルチスピーシーズ民族誌とは、人新世という大文字の地質年代区分を語る立場性を再検討するための実践であるといえるだろう。最近では、洞察の対象はむしろ「資本新世」であるという批判的立場をとりながら、科学技術の開発・利用によって新たに生じる社会経済的な不均衡性や資源の収奪、気候危機と環境正義をめぐる倫理的論争を検討している諸研究も数多くみられる（cf. Chao & Kirksey 2022；Puig de la Bellacasa 2017）。

併せて読んで！　第3章、第4章、第6章、第18章、第21章

注

（1）国家の政策決定に大企業や労働組合が関与すること。

（2）先住民と白人の混血子孫を指す（近年では、研究者が自らの文化的・民族的アイデンティティを括弧づけで明示することがある）。

参考文献

Chao, Sophie & Eben Kirksey（2022）*The Promise of Multispecies Justice*, Duke University Press.

Haraway, Donna（1997）*Modest_ Witness@Second_ Millennium. FemaleMan_Meets_OncoMouse: Feminism and Technoscience*, New York: Routledge.

Haraway, Donna（2016）*Staying with the Trouble: Making Kin in the Chthulucene*, Duke University Press.

Helmreich, Stefan（2014）"Waves," *Hau: Journal of Ethnographic Theory*, 4（3）, pp. 265–284.

Kirksey, Eben & Stefan Helmreich（2010）*Multispecies Salon*, Duke University Press.

Kirksey, Eben（2022）"Impure Hopes: CRISPR and an HIV Cure," *GLQ: A Journal of Lesbian and Gay Studies*, 28（1）, pp. 29–54.

Liboiron, Max（2021）*Pollution is Colonialism*, Duke University Press.

Lowe, Celia（2010）"Viral Clouds: Becoming H5N1 in Indonesia," *Cultural Anthropology*, 25, pp. 625–649.

Paxson, Heather（2012）*Life of Cheese: Crafting Food and Value in America*, University of California Press.

Puig de la Bellacasa, Maria（2017）*Matters of Care: Speculative Ethics in More Than Human Worlds*, University of Minnesota Press.

Rose, Debora Bird（2004）*Reports from a Wild Country: Ethics for Decolonization*, University of New South Wales

Press.
Ureta, Sebastián & Patricia Flores (2022) *Worlds of Gray and Green : Mineral Extraction as Ecological Practice*, University of California Press.
Yoshida, Mariko (2020) "Scaling Precarity : The Material-Semiotic Practices of Ocean Acidification," *The Japanese Review of Cultural Anthropology*, 21 (1), pp. 457–491.
近藤祉秋・吉田真理子 (2021)『食う、食われる、食いあう――マルチスピーシーズ民族誌の思考』青土社。

(吉田真理子)

Part 3 事例編

第14章　人工知能とビッグデータ

人工知能（Artificial Intelligence：ＡＩ）は膨大な量の学習をもとに、データを高速で処理し、求められた形式で出力することを可能にする。人間と比べても遜色のない文章や画像の生成や自然な言語的応答、統計的推知など、ＡＩはさまざまな可能性を日進月歩で実現してきており、二十一世紀において「知能」を冠する機械ＡＩは「思考する機械」の代名詞となっている。しかし、かつては機械が「思考する」ことは不可能であると考えられていた。

1　思考する機械とビッグデータの処理

AIの発展史

思考する機械への見方が大きく転換したのは二十世紀後半である。一九五〇年にチューリングによってデジタル計算機による「思考」の可能性が見出され（Turing 1950）、一九五六年のダートマス会議で、思考する機械に関する諸々の研究開発領域が「人工知能（ＡＩ）」という名称のもとに統合された。一九五〇年代は思考する機械としてのＡＩの黎明期であり、その後、現代に至るまでのＡＩの研究開発は、少なくとも三度のブームと二度の冬を経てきた。一九五〇年代から六〇年代にかけて、二十世紀以降の論理主義を背景としてデジタル計算機（コンピュータ）に関する理論構築がなされ、コンピュータによる推論や探索による問題解決が可能となった。これが「論理」をキーワードとする第一次ＡＩブームである。しかし、人間に与えられた枠組みに閉ざされ、複雑な問題への対処ができないというフレーム問題に突き当たり、ＡＩは最初の冬の時代を迎える。一九八〇年代には、人間の知識をコンピュータが処理可能な形式で実装し、医療や法実務の専門家に取って代わるエキスパートシステムが生み出され、「知識」をキーワードとする第二次ＡＩブームが展開する。しかし、概念理解をともなわないがゆえに、記号の置換操作から抜け出すことができないシンボルグラウンディング（記号接地）問題に悩まされ、ＡＩは再び冬の時代を迎えた。二〇一〇年代、ディープラーニング（深層学習）を中心に、大量のデータを用いた統計的機械学習による情報解析や特徴量抽出、パターン認識が可能となった。これを機に「統計」および「学習」をキーワードとする第三次ＡＩブームが到来する（松尾 2015；西垣 2016；江間 2019）。このような幾度もの技術的革新を経ながら、ＡＩは多量の情報を圧倒的な速度と精度で処理することができる「思考する機械」へと発展を遂げた（図14-1）。

ＡＩによるビッグデータの利活用

一九九〇年以降、コンピュータや情報通信ネットワークが発達し、インターネットが普及した。さらに、二〇一〇年頃を境に、スマートフォンの世界的普及やクラウドコンピューティングの技術開発により情報通信技術（ＩＣＴ）の利活用も急速に進んだ。人や物のありとあらゆる情報がデジタルデータと

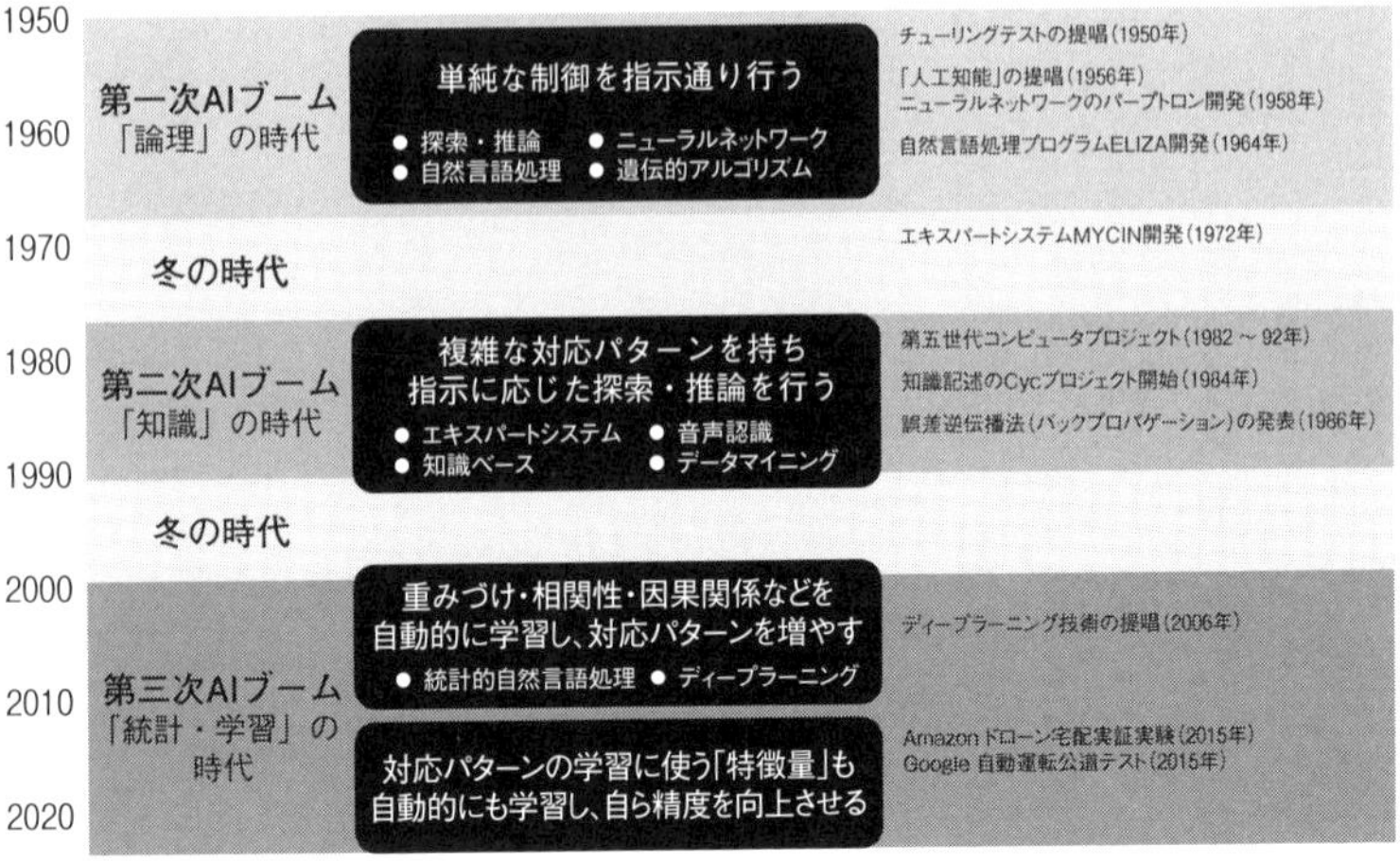

図14－1　AIの発展――AIブームと冬の時代

平成28年版情報通信白書、平成28年版科学技術白書、西垣（2016）をもとに作成

して生成・収集・蓄積されるようになった。

出所を問わず、日々流通するデジタルデータは「ビッグデータ」と呼ばれるが、二〇二〇年には世界において生成・取得・消費・複製されているデジタルデータの総量は五十ゼタバイト（ZB＝10^{21}バイト）にも及んだといわれている。これらビッグデータは、データ量の膨大さ（Volume）・データの種類や形式の多様さ（Variety）・データ生成や処理の速さ（Velocity）・データの不確実性が持つ課題としての正確さ（Veracity）という四つのVで特徴づけられる（IBM & Oxford Univ 2012）。これら大量のデータを扱う現代の科学技術およびデータ事業やサービスの新規創出においては、多量の情報を圧倒的な速度と精度で処理できるＡＩの利活用が必要不可欠となっている。

2　AIと倫理的・法的・社会的課題（ELSI）

AIをめぐって生じるELSI

人々の暮らしのあらゆる場面がデータとして活用可能になりつつある一方で、これまでにはなかった問題と直面する機会も増加していく。技術革新が社会にもたらす影響のなかには、人々の権利を侵害し、心身に危害を加えうるリスクもある。AI技術を含め、科学技術が社会にもたらしうる一連の問題群は倫理的・法的・社会的課題（ELSI）と呼ばれる（☞第10章）。

AI技術に懸念されるELSIの典型例として、学習データの偏りやアルゴリズムの不十分な設計により、AIシステムが出力する結果に不当なバイアスが反映されることがある（江間 2019：35–36）。具体的には、AI人事採用システムの学習データに白人男性に関するデータが多く用いられていたために、システムが出力した結果に人種やジェンダーに関する不当なバイアスが反映されてしまったケースが報告されている（古川ほか 2021：135–136）。技術者の視点では、データの偏りを減らし、アルゴリズムをうまく設計することで対策できると思うかもしれないが、この問題は、たとえ設計が十分であったとしても、AIはわずかなバイアスや差別意識の残留さえ見逃さずに顕在化させてしまうということにある。技術者や設計者が人である以上、潜在的バイアス（アンコンシャスバイアス）は排除しきれず、そのバイアスはAIの設計に無自覚に組み込まれ再生産されるおそれがある。そのため、AIの判断に人間が介入し、精度や公平性を確認しAIの自動的判断の制御を図ること（Human In The Loop：HITL）の重要性などが指摘されている。

AIがもたらす深刻な課題とその克服

ＡＩ技術が悪意をもって利用される場合には、より一層深刻なＥＬＳＩが懸念される。ディープフェイクのように言葉や画像を生成するＡＩ技術が詐欺やテロリストによる扇動に利用されることもあれば、顔認証のように対象を認識するＡＩ技術を自律型ミサイルやドローン兵器として軍事作戦や無差別テロに利用されることもある。また、ＡＩ技術はその汎用性の高さから、用途に応じて善悪のいずれにも両用できるデュアルユース性が顕著な科学技術でもある。ＡＩ技術がもたらすＥＬＳＩに対応するために、法規制やガイドラインの整備による制度的枠組の確立に加えて、ＡＩ技術が社会にもたらすベネフィット（便益）やリスクを中長期的観点から評価するテクノロジーアセスメント（ＴＡ）やＡＩの責任ある利活用を推進する責任ある研究・イノベーション（ＲＲＩ）の考え方に根ざした実践などが重要視されている（☞第10章、第11章）（城山 2018：江間 2022）。

3　責任あるAIガバナンス

リスクベースアプローチとAIに関する規制

ＡＩが遂行する作業は学習に基づくデータの統計学的処理であるが、技術がいかに利用されるかに応じて、ステークホルダー（利害関係者）の範囲や関係性の度合いは大きく変化する。また、ＡＩ技術とビッグデータやＩｏＴ（モノのインターネット）、クラウドコンピューティングなどの関連ファクターとが掛け合わせられることで、経済的・社会的影響やＥＬＳＩの規模は爆発的に膨れ上がる。ＡＩ技術がもたらす正負の影響を適正に評価し、責任ある研究開発および社会実装のための体制（ガバナンス）の構築と強化が緊要な課題となっている[1]。

現在、ＡＩ技術への法規制としては、二〇二一年に欧州委員会が発表したＡＩ規制法案（EU AI Act）がある。この規制案では、ＡＩシステムがもたらすリスクを、①容認できないリスク、②ハイリスク、③限定的リスク、④最小限のリスクの四階層で区分し、それぞれの階層で規制内容を分けるリスクベースアプローチが採用されている。このような欧州の動向に追従して、アメリカなどでもＡＩに関するルール策定の動きがみられており、国内外への影響関係は必至である（弥永・宍戸編 2018）。

しかし、ＡＩ技術の社会実装は法整備をはるかに凌ぐ速度で展開しており、法的拘束力のあるハードローだけでの対応は現実的ではなく、具体個別の事案に柔軟に対応しうる法的拘束力のないソフトローによる補完的対応も不可欠とされる。各国政府や国際機関では、ＡＩがもたらしうるＥＬＳＩへの対策として倫理原則やガイドラインなどを策定するなど、ＡＩのよりよい利活用を方向づける施策が進められている[2]。

日本におけるＡＩガバナンスと国際動向

日本では二〇一六年に「人工知能技術戦略会議」を創設し、日本における人工知能の研究開発の推進に関わる技術戦略を策定した。これを受け、二〇一九年に、ＡＩをめぐる国際競争における機動性を重視し有識者会議「ＡＩ戦略」を発足した。同年、日本国内におけるＡＩ利活用のためのガイドラインとして、〈人間中心性〉を基本理念とする「人間中心のＡＩ社会原則」が策定された。国外では、二〇一九年に欧州委員会で〈信頼に値するＡＩ（Trustworthy AI）〉を基本理念とする倫理ガイドラインが策定された。これらの国際動向を受け、ＯＥＣＤおよびＧ20サミットにおいて、ＡＩに関する国際標準として、〈人間中心性〉を基本理念とする「ＯＥＣＤ　ＡＩ原則」および「Ｇ20　ＡＩ原則」が採択された（平野 2020）。

原則から実践へと移行するAIガバナンス

二〇二〇年以降、ＡＩ技術の利活用に関して「どのような価値が大事か」、「なぜそれらの価値が重要か」という原理・原則に関する理論的整備は徐々に整いつつあるものの、「いかにして価値を実現するか」という実践に関する知見の蓄積はこれからのＡＩガバナンスにおける課題である。しかし、ＡＩ技術のユースケースは多様化する一方であり、ＡＩガバナンスの具体的なプラクティスもまた一律なものではない。

ＡＩ技術はそれを取り巻く人々や社会と密接に関わるため、「社会のなかのＡＩ」、「社会のためのＡＩ」として、さまざまな人々がその利活用のあり方をともに考えることが求められる。たとえば、人工知能学会を中心として、ＡＩ研究者らがさまざまなステークホルダーとの協同でＡＩ研究の全体像を俯瞰するための「ＡＩマップ（ＡＩ課題マップ・ＡＩ技術マップ）」や、一般市民からのアンケートをもとにした「みんなでつくるＡＩマップ」が作成・公開されている。ほかにも、人工知能研究会（ＡＩＲ）では、ＡＩ研究開発の促進を目的とした学術交流および人材育成の営みとして産業界を交えた議論の場を開き、ボトムアップでの議論形成を行っている。ＡＩの責任ある利活用の実現に向けては、このように多様なステークホルダーの参加のもと、ＡＩ技術がもたらす正負の側面を広範な視野から見渡したうえで、技術そのものやさまざまなユースケースの影響を評価し、今後のＡＩガバナンスへとつなげていく、ＡＩガバナンス・エコシステムの形成が肝要となる（JDLA 2021）。

併せて読んで！　第2章、第10章、第11章

注

（1）影響評価（インパクトアセスメント）に関する国内外の動向、および、科学技術ガバナンスのさまざまな取り組みについては、標葉（2020）を参照。

（2）ソフトローによる自主的な規制の動きは研究開発の領域においても活発であり、一般社団法人人工知能学会は二〇一七年に人工知能研究および技術の適切な社会発信のための「人工知能学会倫理指針」を策定した。

参考文献

IBM Institute for Business Value & Saïd Business School at the University of Oxford (2012) *Analytics: the Real-world Use of Big Data: How Innovative Enterprises Extract Value from Uncertain Data, Executive Report.* https://www.bdvc.nl/images/Rapporten/GBE03519USEN.PDF（最終アクセス日二〇二三年八月十八日）

Turing, Alan M. (1950) "Computing Machinery and Intelligence," *Mind*, 59 (236), pp. 433-460.（「計算機械と知能」水原文訳、『人工知能　チューリング／ブルックス／ヒントン』開一夫・中島秀之監修、岩波書店、二〇二〇年）

一般社団法人人工知能学会『ＡＩ研究初学者と異分野研究者・実務者のための課題と技術の俯瞰図「ＡＩマップ β 2.0」』（２０２０年６月版）https://www.ai-gakkai.or.jp/resource/aimap/（最終アクセス日二〇二三年八月十八日）

江間有沙（2019）『ＡＩ社会の歩き方』化学同人。

江間有沙（2022）「ＡＩ倫理の実装をめぐる課題」西垣通編『ＡＩ・ロボットと共存の倫理』岩波書店、一八五―二一九頁。

標葉隆馬（2020）『責任ある科学技術ガバナンス概論』ナカニシヤ出版。

城山英明（2018）「人工知能とテクノロジーアセスメント」『科学技術社会論研究』一六、六五—七九頁。

西垣通（2016）『ビッグデータと人工知能』中公新書。

日本ディープラーニング協会（ＪＤＬＡ）（2021）第Ⅰ期報告書『ＡＩガバナンス・エコシステム——産業構造を考慮に入れたＡＩの信頼性確保に向けて—』https://www.jdla.org/document/#（最終アクセス日二〇二三年八月十八日）

平野晋（2020）「国際標準となったＡＩ諸原則／ガイドラインを構築して——人工知能（ＡＩ）のソフト・ローとＥＬＳＩ（エルシー）」*Chuo Online*。https://yab.yomiuri.co.jp/adv/chuo/research/20201119.php（最終アクセス日二〇二三年八月十八日）

古川直裕・渡邊道生穂・柴山吉報・木村菜生子（2021）『Ｑ＆Ａ　ＡＩの法務と倫理』中央経済社。

松尾豊（2015）『人工知能は人間を超えるか』ＫＡＤＯＫＡＷＡ。

弥永真生・宍戸常寿編（2018）『ロボット・ＡＩと法』有斐閣。


（鹿野祐介）

第15章　自律型システム

たとえば、乗り込んで行き先を告げるだけで、瞬時に最短ルートを判断し、高スピードで向かう無人タクシー――そんな車があったら乗ってみたいだろうか。実際にはこれほど高度な自動運転車が日本で身近にみられることは（本書執筆時の二〇二三年時点では）ないが、衝突被害軽減ブレーキや速度・車間距離の制御など、人間の運転をサポートする「運転支援」の機能を備えた車は一般的になっている。

高度な自動運転車やＡＩが普及すれば、暮らしが便利になりそうだ。だが、不信感を抱く人もいるかもしれない。欧州で発表された「信頼できるＡＩ（Trustworthy AI）のための倫理ガイドライン」によれば、信頼できるＡＩは法を順守し（lawful）、倫理的であり（ethical）、技術的・社会的に頑強（robust）でなければならないとされる（AI HLEG 2019：5）。以下では、特に自動運転車を中心的な事例として、人間の指示なしに自ら行為できる「自律型システム」[1]に対する「信頼」に注目する。

1　機械が「信頼できる」ということ

機械に対する信頼とは

そもそも機械への信頼とはどういうもので、なぜ必要なのだろうか。哲学者の笠木雅史による、機械・ロボットに対する信頼研究の概括では、機械に対する信頼と人間に対する信頼の主な相違点が次の三つにまとめられている。第一に、信頼の変化の相違である。人間に対する信頼は最初低く、交流を深めるなかで徐々に高まる傾向があるが、機械の場合は最初高いにもかかわらず、急速に低下することがあるという。第二に、機械の意図の欠如である。機械相手の場合は人間と違い、相手の意図の把握による信頼形成が行われない。第三に、一方向性である。人間への信頼はしばしば相互的だが、機械への信頼は一方的なものにならざるをえない（笠木 2018：242–244）。

機械への信頼はなぜ重要？

機械には（いまのところ）人間のような心や意図はなく、人間のように相互的なコミュニケーションを通して信頼関係を築くといったこともできない。人間と同様の信頼は成り立たないというのであれば、なぜ機械への信頼が重要になるのだろうか。笠木によれば、実際は機械が課題を遂行できる場面において、信頼のなさから使用を控えたり、逆に機械を過剰に信頼しすぎて使うべきでない場面で使ったりしてしまえば、用途によっては深刻なリスクを呼ぶ。そのため、機械が課題を遂行できる程度に応じた、適切な程度の機械への信頼が重要となるのだ（同前：231–232）。

2　自動運転車の倫理

自動運転車はどう判断すべき？

自動運転の例で考えてみよう。どんな判断を下し、どのように振る舞う自動運転車であれば信頼できるだろうか。この問いの難しさは、以下のような例を考えてみるとわかる。

自動運転技術に関する倫理的課題としてよく話題になるのが、「ジレンマ状況」あるいは「トロリー問題（トロッコ問題）」と呼ばれる、倫理学の議論に端を発する問題である。たとえば、直進すれば道路の真ん中にいる子供を轢いてしまうが、避ければ歩道に突っ込んで歩行者を轢いてしまうといった具合に、どう判断しても危害が避けられない状況に直面したとき、自動運転車はどんな判断を下すべきなのだろうか。

あるいは、多くの人は法定速度を多少超えるなど、ちょっとした交通ルール違反を日常的に行う。であれば今後、道路に入ってくる自動運転車にも、多少の交通違反を許したほうが、スムーズな交通のためにはよいかもしれない。だがもしも、ルールを厳密に守らない人間たちの運転行動を学習した自動運転車が事故を起こしたらどうだろうか(2)。

倫理的な自動運転車

　自動運転車に関する倫理的課題はこれまでも検討されてきている。欧州委員会専門家会合が二〇二〇年に発表した報告書（Bonnefon et al. 2020）（以下「ＥＵ報告書」）には、「道路の安全、リスク、ジレンマ」「データとアルゴリズムの倫理——プライバシー、公正性、および説明可能性」「責任」の三項目に分けられた二十の提言が記されている。また「信頼できるＡＩ」の条件を自動運転車に適用する必要性も論じられている（Fernández Llorca & Gómez 2021: 5）（☞第14章）。

　日本国内でも自動運転技術のＥＬＳＩに関する取り組みがある。二〇二二年には、法学や哲学、工学等の学際的メンバーによる「自動運転倫理ガイドライン研究会」（代表：樋笠尭士）がガイドライン案を公開した(3)。そして、研究開発プロジェクト「ＥＬＳＩを踏まえた自動運転技術の現場に即した社会実装手法の構築」（研究代表者：中野公彦、二〇二〇年九月〜二四年三月）は、「実証実験グループ」「社会との対話グループ」（いずれも東京大学）、「法・保険整備グループ」（明治大学）、「受容性評価グループ」（筑波大学）で構成され、千葉県柏市で実施中の自動運転バスの実証実験と連動させつつ倫理的・法的・社会的課題（ＥＬＳＩ）の検討を行った。市民参加型ワークショップを通したＥＬＳＩ論点の抽出や、自動運転車による交通ルール違反の是非をはじめとしたさまざまな自動運転関連のテーマの意識調査等を実施した。また、交通ルールや紛争解決・保険制度等幅広い分野の検討を踏まえ、自動運転車の走行が許容される社会に必要なルールをとりまとめて「自動運転車を受容する社会構築に纏わる行動準則」として提案した。このプロジェクトの成果は、日本学術会議による見解『自動運転における倫理・法律・社会的課題』および提言『自動運転の社会実装と次世代モビリティによる社会デザイン』（いずれも二〇二三年公表）にも反映されている（☞第10章、第11章）。

3　信頼できるシステムへ

車そのものだけの問題？

「信頼できる自律型システム（Trustworthy Autonomous Systems：ＴＡＳ）」は、どうしたら実現するのだろうか。自動運転車のようにトラブルが人命に関わる場合、「信頼できる」という判断は簡単ではない。ここで注目したいのが、「信頼できるＡＩのための倫理ガイドライン」で示されている次の考え方だ。

……信頼できるＡＩを目指す努力は、ＡＩシステムそのものの信頼可能性だけに関わるのでなく、そのシステムのライフサイクル全体を通した社会‐技術的な文脈の一部を成すすべてのアクターやプロセスの信頼可能性を含む、全体的で組織的なアプローチを要する。（AI HLEG 2019：5）

自動運転車に置き換えてみれば、車を動かすシステムそのものだけではなく、それを取り巻くさまざまなアクターやプロセスの信頼可能性も、自動運転車の信頼可能性に関わってくることになる。この点について、前述のＥＵ報告書を参照しつつ詳しく考えてみよう。

自動運転に関する責任

ＥＵ報告書では「責任」の概念が複数に分けて考えられている。大分類として「前向き責任」「後ろ向き責任」の二種があり、前向き責任として「義務（obligation）」「徳（virtue）」、後ろ向き責任として「説明責任（説明の義務）（accountability（duty to explain））」「過失責任（culpability/moral culpability）」「法的責任（liability/legal liability）」が挙げられる（Bonnefon et al. 2020 : ch. 3）。

前向き責任とは「大人として責任ある行動を心がける」など、将来起こりうることについて持つ責任であり、後ろ向き責任とは「事故を起こしてしまった責任を取る」など過去に起こったことについて負う責任である。また、「徳」は倫理学においてよい性格を指すものとして使われる語だが、報告書では人々が自ら倫理的に振る舞う「責任の文化」に関わるとされる（同前 : 56–57）。そして「過失責任」は、非難や改善要求、被害者支援の義務など、「説明の要求だけでなく、より強い倫理的、社会的、法的反応にも開かれていることを意味する」（同前 : 60）と説明される。つまり、事故やトラブルに至った経緯を説明して終わりではなく、社会からの責めを受け止めて応えていく責任だ。

信頼できるシステム、信頼できる社会

自動車事故は起こりうるものだ。いざ起きたとき、説明や補償ももちろん大事だし、社会からの声を受け止めて再発防止に努めたり、そもそも事故が起こる前から責任を持って自動車を運用したりといったことも重要だ。そのような実践が根付いた社会であれば、事故が起こることがあるとしても、自動運転車を含む交通を信頼できるのではないだろうか。つまり、自動車メーカーや移動サービス事業者、ソ

フトウエア開発者、ユーザー、行政等、自動運転車の走行に関与する人や組織が、責任を持って交通安全に協力する体制があってこそ、自動運転車が信頼できるものになるのだ。

さらに、自動運転技術の社会実装には、車両単体の技術だけでなく、専用レーンやインフラと車両の通信等、交通インフラによる支援・協調も必要となる（高度情報通信ネットワーク社会推進戦略本部・官民データ活用推進戦略会議 2020：53）。また、自動運転に限らず、移動関連分野では信号データや位置データなどさまざまな交通関連のデータが得られるが、それを移動・交通に活用するだけでなく、防災等の他分野への活用や、スマートシティと連携したまちづくりへの活用も考えられている（同前：136–145）。そうなると、もはや個別の自動運転車や、自動運転車に関わる人・組織に対する信頼だけでなく、道路や交通、都市が連動したシステム全体への信頼が問題になってくる。また、デジタル庁による『デジタルを活用した交通社会の未来二〇二二』（デジタル社会推進会議幹事会 2022）では、各地域の暮らしの課題に即した移動関連サービスの社会実装の重要さが強調されている。自動運転やドローンといった移動の新技術が暮らしのなかに現れる日は近いかもしれない。

現代の暮らしは、まちや交通の存在に大きく支えられている。まずは自分の暮らす地域のこれからを想像することで、信頼できる自律型システムについて考えてみてほしい。

併せて読んで！　第2章、第9章、第10章、第11章、第14章

注

（1）英国研究・イノベーション機構（UKRI）の「信頼できる自律型システムハブ（Trustworthy Autonomous Systems Hub）」による定義では、「自律型システム」とは「人間の監督がほぼ、またはまったくなしで行為できるような、ソフトウエアアプリケーション、機械、人々を含むシステム」（https://www.tas.ac.uk/our-definitions/）とされる（最終アクセス日二〇二三年十二月十四日）。ただし、機械やシステムについていわれる「自律」の意味は文脈によりさまざまである。たとえば、笠木（2018）が参照しているピーター・A・ハンコックの定義によれば、「自動型システム」は所定の目標を達成するためおおむね確定した手順を遂行するように作られたものであるのに対し、「自律型システム」は操作と状況の情報のインプットにより学習・進化して機能を変化させ続けることができ、それゆえ振る舞いがより不確定になる（Hancock 2017：284）。なお、後述する笠木の機械への信頼についての議論は、上記の意味で自律的でなく自動的なものも含んだ機械を対象としている（笠木 2018：227–228）。また、自動運転技術の文脈では、インフラや他車両との協調なしに単独の車両で行う自動運転を「自律方式自動運転」と呼ぶ（保坂ほか 2019：18）。

（2）これは自動運転に用いるAIに関する、AIの学習内容の法規に対する妥当性の問題として位置づけられる（保坂ほか 2019：109）。

（3）研究会ホームページ（https://segad.jp/）内で全文をダウンロードできる（最終アクセス日二〇二三年十二月十四日）。

参考文献

Bonnefon, Jean-François, David Černý, John Danaher, et al. (2020) *Ethics of Connected and Automated Vehicles: Recommendations on Road Safety, Privacy, Fairness, Explainability and Responsibility*, Publication Office of the European Union.

Fernández Llorca, David & Emilia Gómez (2021) *Trustworthy Autonomous Vehicles: Assessment Criteria for Trustworthy AI in the Autonomous Driving Domain*, EUR 30942 EN, Publications Office of the European Union.

Hancock, Peter A. (2017) "Imposing Limits on Autonomous Systems," *Ergonomics*, 60 (2), pp. 284–291.

High-Level Expert Group on Artificial Intelligence (AI HLEG) (2019) *Ethics Guidelines for Trustworthy AI*, European Commission.

笠木雅史（2018）「機械・ロボットに対する信頼」小山虎編著『信頼を考える――リヴァイアサンから人工知能まで』勁草書房、二二五―二五二頁。

高度情報通信ネットワーク社会推進戦略本部・官民データ活用推進戦略会議（2020）『官民ＩＴＳ構想・ロードマップ２０２０』首相官邸。

デジタル社会推進会議幹事会（2022）『デジタルを活用した交通社会の未来２０２２』デジタル庁。

保坂明夫・青木啓二・津川定之（2019）『自動運転（第2版）――システム構成と要素技術』森北出版。

（筒井晴香）

第16章　量子技術

二〇二二年三月、岸田文雄首相は「新しい資本主義」の一環として、量子技術への重点投資を国家戦略として掲げることを表明した。この国家戦力の基本計画として策定された「量子未来社会ビジョン」では、二〇三〇年までに量子技術による生産額は五十兆円規模、国内の量子技術利用者は一千万人を目指すという目標が掲げられている。日本に先立ってアメリカや中国、欧州諸国も量子技術開発を重点政策に位置づけており、国家間の「競争激化」や「覇権争い」として報道されることも少なくない。その一方で、科学者や技術者のなかには今後短期間での実用化や事業化は不可能であるとする声もある。

本章では、こうした萌芽的な状況にある量子技術のＥＬＳＩ論点を探索するために、「市民の持つ量子技術のイメージ」と「量子以外の（従来型の）科学技術から何を学ぶか」の二つに焦点を当てることにする。

1　総称としての「量子技術」と個別領域の量子技術

量子技術の社会的課題を考えるにあたって、総称としての量子技術と個別の量子技術をひとまず区別して考えてみることが重要である。

総称としての「量子技術」

「量子技術（Quantum Technology）」という用語は、オーストラリアの物理学者ジェラルド・ミルバーンの一九九七年の著書『シュレーディンガーの機械――量子技術が日常を作りかえる』によって広く知られるようになったという。また、「第二次量子革命（the second quantum revolution）」という表現も二〇〇三年にミルバーンとジョナサン・ドーリングが発表した〝Quantum technology: the second quantum revolution〟によるものである（Roberson 2021）。

量子技術の社会的影響を考える際に重要なのは、このような文脈での「量子技術」とは単一の技術ではなく、複数の個別技術領域（量子コンピューティング、量子シミュレーション、量子センシング、量子暗号……）の総称ということである。この総称としての量子技術を他の科学技術から区別するものは、第一義的には「古典力学と区別された量子力学の成果の技術的な応用」ということになる。しかし、これについては若干の但し書きが必要だろう。量子力学の成果は二十世紀半ばから半導体やレーザーといった技術に結実してきた。翻って、こんにちの第二次量子革命のもとで「量子技術」と呼ばれるものは、それより一歩進んで、量子の状態を精密に制御し、「重ね合わせ」や「もつれ」といった量子に独特の性質を最大限に活かした技術を指している。

個別領域の量子技術

こうした総称としての量子技術のもとに、量子コンピューティングや量子センシング、量子暗号といった個別領域の技術がある。

たとえば、量子コンピューティングは従来型（古典的）コンピュータでは複雑すぎて解けなかった課題、たとえば新薬開発のための化学物質の組み合わせや複数のチェックポイントを通る最適なルートの探索をきわめて短時間で行うことを可能にする技術である。また、量子センシングは従来のセンサーに比べてきわめてわずかな変化も計測可能であり、細胞や地殻の計測など多様な用途が期待されている。量子暗号は、光子（光の最小単位）の量子的な性質を利用して送信者と受信者双方が鍵を共有することで情報理論的に安全な暗号システムを構築することができる。

また、それ自体は量子技術ではないものの、量子コンピュータによっても解読困難なアルゴリズムに基づいて設計された暗号は耐量子暗号と呼ばれ、こうしたものも量子技術に関連して発展が期待される新しい技術としての「量子関連技術」として考えることもできる。

総称としての「量子技術」と個別の量子技術の区別

量子技術が単一の技術ではなくさまざまな技術の総称でもあることは、社会的課題の探索にとって複雑な問題を提起する。それは、総称としての「量子技術」それ自体の課題が何かということについても考えなければならないということである。たとえば、個別技術である量子コンピューティングであれば、そうした技術が社会実装された際にどのような影響が社会に生じるのかを論ずることはできそうだ。しかし、量子技術という言葉は個別の技術を「量子の独特の性質を利用している」という以上の意味を持たない。そうであれば、量子技術そのものの社会的課題とはどのようなものになるのだろうか。

2　量子概念の反直観性と市民のイメージ――総称としての「量子技術」のＥＬＳＩ課題

量子力学の反直観性

総称としての量子技術の問題を考えるためのカギは、量子技術を支える量子力学の反直観性にある。著名な物理学者のリチャード・ファインマンは「量子力学となると、これを本当に理解できている人はいない。こういってまずまちがいないと私は思っております」（ファインマン 2001：197‒198）と述べている。これはもちろんファインマン流の大げさな表現であるが、量子力学は私たちが日常考えるマクロな物理的現象に置き換えて考えることがきわめて困難な事象を扱っていることは留意されなければならない。もちろん、量子力学以外の先端科学技術も、非専門家がその細部まで知ることはほぼ不可能だろう。しかし、たとえばナノマシンについて「顕微鏡でも見えないサイズの機械」と表現すれば、ある程度は直観的なイメージを持つことができるかもしれない。他方、量子力学の「重ね合わせ」や「もつれ」などはそのような直観的な説明が困難である。

「量子」への抵抗感

このような量子力学の反直観性が、その応用である量子技術に関する市民的対話に影響を及ぼしてしまうことは想像に難くない。二〇一七年にイギリスで実施された量子技術パブリックダイアログでは、一般市民の多くが「量子」という言葉についてほとんどが「表層的なレベルの連想」にとどまったとしたうえで、意見を求められると「なんとも思い難くて混乱してしまう」「どんな意見が求められているかもわからない」とする率直なコメントがみられた（EPSRC 2017）。

また、これに関連して「量子超越性（Quantum supremacy）」のようなもっぱら専門家の間で用いられる用語にも注意が必要である。「量子超越性」は古典コンピュータで解決不可能な問題を量子コンピュータで解決できること（の証明）を意味するに過ぎないが、これが白人至上主義（White supremacy）を想起させる、として量子優位性（Quantum advantage）という語を用いたほうが良いという提案もなされている。

こうした事情は、専門家と市民との相互理解のためには量子力学の解説だけでなく「量子」や関連する用語そのものが市民にとって縁が遠いものであり、抵抗感や誤解を与える余地のあるものであることに留意すべきであることを示している（Coenen et al. 2022）。

量子技術と疑似科学

また、量子力学の難解さと反直観性が場合によってはオカルトや疑似科学と結びつく可能性についても留意が必要である。筆者らが二〇二二年に大阪大学の学生向けに実施した量子技術に関するフォーカス・グループ・インタビューでは複数の学生が「量子」という語について「怪しい」「うさんくさい」というイメージがあるとし、その原因として「引き寄せの法則」などのオカルト的な要素を持つニューエイジ系の書籍の存在を挙げている（肥後・長門・鹿野 2022）。「引き寄せの法則」は量子力学に基づくものだと主張するロンダ・バーン『ザ・シークレット』が世界的にベストセラーになっている状況を考えれば、量子力学がオカルト、疑似科学を連想させることは決して例外的なことではない。また、中国ではすでに疑似科学的な量子グッズ（健康・美容商品、掃除用具など）が市場に出回っており、当局が規制を行っている。こうしたオカルト的な言説や疑似科学商品が量子力学や量子技術の健全な理解に影響を与えることも社会的課題として無視できない。

3　個別領域の量子技術のＥＬＳＩ課題

ここまで、量子技術の社会的課題として、基礎理論である量子力学の反直観性や「量子」という語そのものの馴染みのなさが市民の感情に与える影響をみてきた。では、量子コンピューティングや量子暗号などの個別の領域におけるＥＬＳＩ論点にはどのようなものがあるだろうか（☞第10章）。

デュアルユース

他の先端技術と同様に量子技術もデュアルユース（☞第9章）の問題を避けて通ることはできない。デュアルユースの問題系には技術の軍事利用に関するものと犯罪者やテロリストなどによる悪用に関するものがあるが、量子技術のいくつかはその両方で深刻な懸念があると指摘されている。

特に市民への影響が強いと思われるものは量子コンピュータの普及によって金融や医療といった分野

のセンシティブな情報に関する従来のセキュリティが無効化してしまう懸念である。量子コンピュータによる暗号解読を防ぐには、量子コンピュータによっても解読困難な耐量子暗号や通信技術の開発が先であるべきだとする意見もある。量子技術の悪用への懸念は、このように、開発ロードマップや重点的な投資対象の見直しを促す可能性がある。

さらに、量子センサーを用いた軍事技術など国防上重要な量子技術に関しては経済安全保障推進法による特許の保全指定を受ける可能性がある。国防上の理由に基づく企業活動の規制という観点からも議論が必要になるだろう。

技術格差・不平等・公益性

また、量子技術を持つ者と持たざる者の格差に関する問題も提起されている。この問題については国家間格差だけでなく、一国内での貧富の差や地域間格差が生じる懸念もある。とりわけ金融や医療に関係する技術については、量子技術にアクセスできない人々が安全な通信環境や疾病の早期発見といった恩恵にあずかれないことは深刻な問題になりうる。これらの格差がどの程度まで許容されるのかについては、分配や不平等に関する倫理学や政治哲学の知見を参照することが必要になるだろう（Kop 2021）。

これに関連して、各国の量子技術に関する国家戦略文書などでは「量子競争」として、他国に対して技術的・市場的に劣後しないことや勝利を収めることが強調され、安全保障や大企業に資する応用可能性ばかりが喧伝されていることを指摘する研究もある（Roberson et al. 2021）。量子技術が真に公益に資する技術であるためには、そのような狭いフレーミングを越えて、より複数のステークホルダー（利害関係者）の利益を考慮することが求められる。

量子技術倫理原則の確立に向けて

現在、量子技術に関する倫理原則は量子技術全般のものにしろ、個別の量子技術のものにしろ、萌芽段階にあるといえる。世界経済フォーラムが二〇二二年一月に発表した「量子コンピューティングガバナンス原則」が目下のところもっとも包括的な論点を示しており、これを契機に倫理原則策定への動きが加速していくはずである（World Economic Forum 2022）。そしてこの策定のためには、これまでの先端科学技術、すなわちＡＩ、ナノテクノロジー、原子力、合成生物学、遺伝子組換えなどの倫理ガイドラインを参考にすることが求められる（☞第19章）（Perrier 2021）。

また、先に述べたように、量子技術に関するＥＬＳＩ課題の探索については市民の協力と理解が不可欠であり、そのためには洗練されたワークショップやパブリックダイアログの設計が必要である（☞第7章）。日本においては量子技術に関する市民意識の大規模な調査はいまだなされていないが、実施にあたっては文理や産官学の枠を超えた広範な協力が必要になるだろう。

併せて読んで！　第2章、第5章、第7章、第10章、第14章、第19章

参考文献

Coenen, Christopher, Alexei Grinbaum, Armin Grunwald, Colin Milburn, & Pieter Vermaas（2022）“Quantum Technologiesand Society：Towards a Different Spin,” *Nanoethics*, 16, pp. 1–6.

Engineering and Physical Sciences Research Council（EPSRC）（2017）*Quantum Technologies Public Dialogue Report*. https://nqit.ox.ac.uk/sites/www.nqit.ox.ac.uk/files/2018-07/Quantum%20Technologies%20Public%20Dialogue%20Full%20Report_0.pdf（最終アクセス日二〇二三年八月十八日）

Kop, Mauritz（2021）“Establishing a Legal-Ethical Framework for Quantum Technology,” *Yale Law School, Yale Journal of Law & Technology*（YJoLT）, The Record, March 30. https://yjolt.org/blog/establishing-legal-ethical-framework-quantum-technology.（最終アクセス日二〇二三年八月十八日）

Perrier, Elija（2021）“Ethical Quantum Computing：A Roadmap,” arXiv：2102.00759［quant-ph］https://arxiv.org/abs/2102.00759.（最終アクセス日二〇二三年八月十八日）

Roberson, Tara, Joan Leach, & Sujatha Raman（2021）“Talking about Public Good for the Second Quantum Revolution：Analysing Quantum Technology Narratives in the Context of National Strategies,” *Quantum Science and Technology*, 6（2）. https://iopscience.iop.org/article/10.1088/2058-9565/abc5ab.（最終アクセス日二〇二三年八月十八日）

Roberson, Tara（2021）“On the Social Shaping of Quantum Technologies：An Analysis of Emerging Expectations Through Grant Proposals from 2002–2020,” *Minerva*, 59, pp. 379–397.

World Economic Forum（2022）*Quantum Computing Governance Principles, Insight Report January 2022*. https://jp.weforum.org/reports/quantum-computing-governance-principles.（最終アクセス日二〇二三年八月十八日）

肥後楽・長門裕介・鹿野祐介（2022）「大学生を対象とした量子技術に関する印象の聞き取り調査」『ELSI NOTE』No. 18、https://doi.org/10.18910/88439。

ファインマン、R．P．（2001）『物理法則はいかにして発見されたか』江沢洋訳、岩波現代文庫。

（長門裕介）

第17章　宇宙開発

前世紀の半ばに始まった地球人類の宇宙進出は、いくつかの段階を経て、いままた新しい段階へと至りつつある。一方で、公的な宇宙開発の重要な新局面として、アポロ計画以来の有人月面着陸計画であるアルテミス計画が進行中であり、その先には有人火星探査の実現が見え始めている。他方で、民間企業による宇宙開発事業が盛んになり、多種多様な宇宙ビジネスが発案・実施され、私たちの社会生活と宇宙との結びつきはますます近く強いものになろうとしている。本章では、このような状況のもとで私たちが直面する倫理的・法的・社会的課題（ＥＬＳＩ）について論じる。そうした課題にはさまざまなものがあるが、ここでは特に〈公的資金による宇宙探査〉と〈宇宙資源の所有権〉の問題の二つを取り上げてみたい。だがその前に、宇宙開発の経緯について簡単におさえておこう。

1　宇宙開発の経緯

ロマンから生活へ

宇宙開発という壮大な難事業へと人類を踏み出させたのは、ロマンと軍事であった。漠然とした地球外世界に対する夢想が幾人かの文学者と科学者によって徐々に具体的なイメージへと練り上げられ、ついに人工物を、そして人間自身を宇宙空間へと送り出したとき、地球は大きな戦争の時期にあった。大規模なリソースを要する宇宙開発は、いくつかの国の国家事業として位置づけられることによって実現・発展したが、それは第二次世界大戦と米ソ冷戦という過酷な国際情勢を背景としたものだったのである（☞第9章）。その後、世界情勢の変化と科学技術の進展にともなって、二十世紀末頃から次第に宇宙開発の位置づけは変化していく。かつて争った国々の共同事業として宇宙ステーションが建造・運用され、応用科学研究の場として用いられるようになったほか、種々の無人探査機や宇宙望遠鏡が打ち上げられ、宇宙に関する基礎科学の前進に大きな役割を果たした。また、人工衛星は社会的な実用目的に広く活かされるようになり、私たちの社会生活をさまざまな側面で支えるようになった。宇宙開発は、ロマンと軍事だけでなく、科学と生活にとっても必要な事業として社会に定着したといえる。こうした経緯について、もう少し具体的にみてみよう。

宇宙開発のはじまり

十九世紀後半、フランスの作家ジュール・ヴェルヌが、人を乗せた砲弾を大砲で射出して月まで送るという空想科学小説を著し、人類の宇宙進出というロマンに具体的なイメージを与えた。その世紀末から翌世紀の初めに、ロシアの科学者コンスタンチン・ツィオルコフスキーが、宇宙ロケット工学の基礎となる公式を練り上げ、宇宙旅行への道筋を科学的に示した。そして、第二次世界大戦中の一九四二年、ついに人類は人工物を宇宙空間まで打ち上げることに成功する。ドイツの工学者ヴェルナー・フォン・

ブラウン率いるドイツ軍の研究グループが開発した弾道ミサイルA４（V２）ロケットが、宇宙空間に到達したのである。このロケットは、それ以降に設計される多くの宇宙ロケットの礎となった。一九四五年の終戦後、フォン・ブラウンはアメリカに亡命し、引き続き宇宙開発をリードしていく。同じ頃、ロシア／ウクライナの工学者セルゲイ・コロリョフがソ連のロケット開発に加わり、ロシア宇宙開発の基盤となるR７ロケットを設計することになる。

宇宙開発競争

その後、一九五〇年代から七〇年代にかけて人類の宇宙進出は飛躍的に進展するが、それは主に米ソ冷戦における宇宙開発競争によるものであった。先んじたのはソ連だった。一九五七年に世界初の人工衛星スプートニク一号を打ち上げ、一九六一年には世界初の有人宇宙船ボストーク一号の打ち上げに成功したのである。ボストークに搭乗した軍人ユーリイ・ガガーリンは、人類史上最初の宇宙飛行士となった。ソ連に遅れをとったアメリカは、世界初の有人月面着陸計画を目指すアポロ計画の実行を急いだ。そして一九六九年、宇宙飛行士ニール・アームストロングとバズ・オルドリンを乗せた宇宙船アポロ十一号が、世界で初めて人類を月面に到達させた。以降、アポロ計画は一九七二年の十七号まで計六回の有人月面着陸を成功させ、これをもって米ソの宇宙開発競争は実質的に幕を閉じた。同時に、宇宙開発に対する人々の熱狂的な関心も急速に失われていった。

アポロ計画以降

アポロ計画以降の宇宙開発は、むしろ国際共同と実用化が主たる方針となっていく。一九七五年、アメリカとソ連はアポロ・ソユーズテスト計画という共同飛行を実施した。さらに、国際宇宙ステーション（ＩＳＳ）計画が、アメリカとロシアを含む多国籍共同事業として進められ、一九九八年の建設開始から二〇一一年の完成を経て、現在に至るまで国際的な科学研究所として利用されている。その他、非軍事的な通信・測位・気象観測などに人工衛星が広く用いられるようになり、日常的な利用に資する技術向上のための研究が進められている。また、宇宙科学の面では、宇宙探査機ボイジャーやハッブル宇宙望遠鏡などさまざまな装置が打ち上げられ、宇宙の姿と歴史を探究する科学研究が国際的に行われている。もちろん、軍事・安全保障のための宇宙開発も継続されている。一九九一年の湾岸戦争は、人工衛星が本格的に活用された「初の宇宙戦争」と呼ばれるが、これに限らず冷戦期以降の戦争・安全保障は当然のように宇宙技術に大きく依存している。しかし、いまやそれは宇宙開発が持つ多くの側面の一つでしかない(1)。

2　公的資金による宇宙探査

宇宙探査

宇宙探査とは、宇宙開発のなかでも、特に未踏の地球外世界に関する新しい知識を求めて実施される調査事業である。宇宙探査は有人探査と無人探査に区別される。アポロ計画は前者、ボイジャー計画は後者にあたる。こうした宇宙探査事業は、ＩＳＳでの応用科学研究や人工衛星の実用的利用とは異なり、基本的に純粋な知的関心やロマンによって動機づけられている。そのため、大きな科学的価値や文化的価値を持つ一方で、社会的課題を解決したり日常生活を便利にしたりすることには直接結びつきにくい。他方で、宇宙探査は大規模な難事業であり、その達成には莫大な金銭的・人的コストを要する。特に有人探査は難易度が高く、さまざまな科学事業のなかでも最大級のコストが必要となる。

アルテミス計画

現在進行している大きな有人探査計画にアルテミス計画がある。これは、アメリカのNASAを中心として進められている国際事業で、再び月面に人間を立たせることを主たる目的としている（NASAのほか、ヨーロッパのESA、日本のJAXA、カナダのCSA、オーストラリアのASAといった宇宙機関やアメリカの民間宇宙企業が参加している）。実は、一九七二年のアポロ十七号を最後に、長らく人類は月に行っていないのである。アメリカは、アルテミス計画によって約半世紀ぶりの有人月面着陸を実施し、そこで築いた知識と技術を土台に、有人火星探査まで歩を進めることを目標に掲げている。しかし、一九六〇年代に有人月面着陸を成功させていながら、なぜ人類は数十年間も月に行かないままでいたのだろうか。これには上述の事情が関係している。

資源配分の問題

非常に高いコストを要求する有人宇宙探査事業は、宇宙開発競争の終結後、政治的にも社会的にも急速に支持を失っていった。NASAはアルテミス計画以前にもコンステレーション計画という有人探査計画を進めていたが、これは二〇一〇年に打ち切られている。まず、科学的価値の観点からは、無人探査よりも見込める費用対効果が小さいという問題が指摘されてきた。また、公的事業一般という観点からは、医療・人口・経済・気候といった社会的課題の解決につながりにくい有人探査に、限られた公的資金を用いるべきでないという批判がなされてきた。重要なのは、有人宇宙探査が、公的資源配分の問題として市民一般の利害に関わるELSIだということである(2)（☞第10章）。

3　宇宙資源の所有権

宇宙資源

宇宙には人類の活動にとって有益な天然資源が存在する。たとえば、月や小惑星には水やレアメタルなどがあり、それぞれの利用価値を持っている。近年、こうした資源を採掘し、宇宙資源ビジネスを実現しようする民間企業が出てきている。そこで問題になるのが宇宙資源の所有権である。天然資源でビジネスを行うためには、その所有権を有している必要がある。しかし、これまでのところ、宇宙にある天然資源の所有権を決めるための国際的な枠組みは十分に整備されていない。他方、いくつかの国では、自国民に宇宙資源の取得と利用を認める法律を成立させている。こうした宇宙資源ビジネスと所有権の問題は、宇宙開発に関わる先端的な科学技術によってもたらされる新しいELSIの一つだといえるだろう。

宇宙条約

国際的宇宙法としてもっとも重要なのは、一九六七年に作られた宇宙条約である。この条約は、アメリカ、ロシア、中国、日本を含む多くの国々によって批准されており、宇宙開発に関するさまざまなルールの基礎として世界的に広く認められている。この宇宙条約の第二条で、天体を含む宇宙空間をいかなる国家も領有できないことが定められている。さらに、私人による所有は、通常、その国籍国によって認められることで成立するため、同条は私人による天体や宇宙空間の所有も否定していると考えられている。つまり、月・小惑星そのものやその土地については、誰も所有できないということである。しかし、天体から得られる資源は、天体そのものでも土地でもない。そのため、宇宙資源の所有権については、宇宙条約のみから明確な枠組みは引き出せないとされている。

新たな枠組みの整備

こうした事情を背景に、近年、宇宙資源の所有権に関する国際的な枠組みを新たに整備するための議論が複数の場で進められている。たとえば、国連宇宙空間平和利用委員会（ＣＯＰＵＯＳ）の法律小委員会では、二〇一七年から宇宙資源に関する議論が始まり、二〇二一年にワーキンググループが設置されている。また、アルテミス計画を背景に、アメリカを中心とする複数の国が二〇二〇年にアルテミス合意と呼ばれる共同宣言に署名し、そのなかで宇宙資源の取得と宇宙条約との関係について共通認識を確認している。そのほか、二〇一九年には、国家に限らない多様なステークホルダーが参加するハーグ国際宇宙資源ガバナンスワーキンググループ（ハーグＷＧ）が、宇宙資源に関する国際的枠組みが備えるべき基本要素を提示している。他方、国際的な枠組みの整備を待たず、二〇一五年にアメリカが、二〇一七年にルクセンブルクが、二〇一九年にアラブ首長国連邦が、そして二〇二一年に日本が、自国民に宇宙資源の所有を認める法律を成立させている。こうした動きは、宇宙資源開発という新しい領域を前進させるうえで有効なものだが、国家間の不公平性などの倫理的懸念もある。宇宙資源の所有権問題は、科学技術の進展によって現れた新しい課題であると同時に、正当な所有権、国際法と国内法の関係、国際的公平性といった基本的な問題に目を向けさせる主題でもある。その意味でも、専門家だけでなく広く市民たちによって認識され、議論されることが望ましい[3]（☞第7章）。

宇宙開発をめぐる倫理的・法的・社会的な課題には、本章で扱ったもの以外にもさまざまなものがある。日本でも、宇宙倫理学（伊勢田ほか編 2018）、宇宙法学（小塚・笹岡編 2021）、宇宙科学技術社会論（呉羽・伊勢田編 2022）といった分野で議論が行われている。関心を持った読者は、それらの文献にあたってみてほしい。

併せて読んで！　第2章、第7章、第9章、第10章

注

（1）宇宙開発の経緯については、宇宙工学者の的川泰宣（2000）や、科学社会学者の佐藤靖（2014）がわかりやすく論じている。

（2）有人宇宙探査への公的投資の問題については、哲学者の呉羽真（伊勢田ほか編 2018：第四章）が詳しく論じている。また、前述の佐藤（2014）は、アメリカが宇宙開発を進めるなかで実際に直面した資金配分の問題について論じ

ている。

（3）　宇宙資源の所有権に関する問題については、法理学者の近藤圭介（伊勢田ほか編 2018：第十一章）や、弁護士の藤井康次郎と石戸信平（小塚・笹岡編 2021：第四章第四節）が詳しく論じている。

参考文献

伊勢田哲治・神崎宣次・呉羽真編（2018）『宇宙倫理学』昭和堂。

呉羽真・伊勢田哲治編（2022）『宇宙開発をみんなで議論しよう』名古屋大学出版会。

小塚荘一郎・笹岡愛美編（2021）『世界の宇宙ビジネス法』商事法務。

佐藤靖（2014）『ＮＡＳＡ――宇宙開発の60年』中央公論新社。

的川泰宣（2000）『月をめざした二人の科学者――アポロとスプートニクの軌跡』中央公論新社。


（清水雄也）

第18章　細胞工学

人体のある臓器や組織が、外傷あるいは疾患などによって、不可逆的に形状や機能を失ってしまうことがある。それに対して、臓器や組織自体を新たなものに入れかえることで形状や機能を再生・修復するという医学的な試みがなされてきた。そのような試みのなかでも近年特に注目されるのが、細胞の培養や遺伝子の導入などのバイオ技術を活用し、細胞を用いて臓器や組織を回復させるという方法である。本章ではこのような細胞の操作に関する技術を広く細胞工学と呼ぶこととする。

臓器や組織を新たなものに入れかえるという治療の先駆的な例としては臓器移植を挙げることができるが、医療を目指した細胞工学は、臓器移植で問題とされたいくつかの点を解決する方法として発展した。特に二〇〇〇年代以降、幹細胞を用いた医療が再生医療と呼ばれるようになり、その実現に向けた動きが活発化したが、再生医療にも倫理的問題は依然として存在している。またそのような研究のなかで養われた技術は、医療以外にも応用の可能性が生じていることにも注意が必要である。こうした一連の事態をより詳細に考察するためには、生‐資本の観点からの分析がとりわけ重要である。

1　医療を目指した細胞工学のはじまり

臓器や組織を新たなものに入れかえる治療の先駆的な例である臓器移植は、二十世紀中頃から徐々に医療として実用化されてきたが、移植希望者に対して提供される臓器の数が圧倒的に不足するという問題や、脳死状態に陥った患者を死者とみなして臓器提供を可能にすることに対する倫理的問題など、さまざまな問題を抱えている。だからこそ、細胞の培養や細胞への遺伝子導入などの技術を活用して細胞から臓器や組織を回復させる治療は、臓器移植にまつわる問題のいくつかを解決するものとして発展してきた。

輸血と造血幹細胞移植

細胞を用いたもっとも初期の治療は輸血であり、最初は動物－動物間で、次に動物－ヒト間で、そしてヒト－ヒト間で実施されていった。ヒトからヒトへの輸血に初めて成功したのはイギリスのジェームズ・ブランデルで、一八一八年のことである。

細胞のなかでも治療の文脈で特に注目されたのは、私たちの身体を構成しているさまざまな種類の細胞に分化することができる幹細胞と呼ばれる細胞であった。もっとも初期から用いられていた幹細胞は、白血球や赤血球といった血液中の血球系の細胞に分化することができる造血幹細胞である。造血幹細胞は主に骨髄に存在するが、末梢血や臍帯血にも存在し、白血病の治療などの目的で移植に用いられてきた。骨髄移植は一九五七年、末梢血幹細胞移植は一九八九年、臍帯血移植は一九八八年にそれぞれ初めて成功している。

組織工学の提唱

人体の臓器や組織を代替・回復するにあたって、細胞や組織だけではなく高分子などの人工材料をともに用いることも提案された。このような考え方は、一九九三年にロバート・ランガーとチャールズ・ヴァカンティらによって組織工学という概念として提唱された。彼らは生体内で分解される高分子と細胞や組織とを組みあわせることで、移植可能な臓器や組織を作成できることを示した。その象徴とされるのが一九九五年に発表された、マウスの背中からヒトの耳が生えているように見えるマウスである。ヴァカンティ・マウスとも呼ばれるこのマウスは、ウシの軟骨細胞を微生物が分解できる素材でできた鋳型に入れて培養し、それをマウスの背中に移植して作成されたものである。

2　再生医療の登場と発展

造血幹細胞のように身体のある特定の細胞にのみ分化することができる幹細胞を体性幹細胞と呼ぶが、神経などのようにその幹細胞を得ることができない臓器・組織も存在していた。ところが、身体のほぼすべての細胞に分化することができる幹細胞である多能性幹細胞が発見されたことで、従来体性幹細胞を用いることでは行えなかった治療も可能となり、細胞治療の応用の幅が広がった。

胚性幹細胞（ＥＳ細胞）の登場[1]

初めて発見された多能性幹細胞は胚性幹細胞（ＥＳ細胞）（Embryonic Stem Cell）である。ＥＳ細胞は発生の初期段階である胚盤胞期において、胚を壊してその一部である内部細胞塊を取りだして培養することで作成される。

ＥＳ細胞は当初マウスの胚から作成された。一九八一年にマーティン・エヴァンスとマシュー・カウフマンは、マウスの内部細胞塊を取りだしてきて培養すると、どんどん増殖してさまざまな種類の細胞の塊を作ることを発見した。また彼らはこの細胞が生殖細胞（精子や卵子）にもなれることを確認し、ＥＳ細胞の多能性を証明した。一九九八年にはジェームズ・トムソンらが初めてヒトＥＳ細胞の培養に成功し、これによってＥＳ細胞の研究が大きく注目を集めることになった。増殖能力が高く身体のどんな細胞にも分化できる細胞の存在は、人体の失われた臓器・組織の回復や人体の機構の解明など、多くの利用法が見込まれた。

しかしＥＳ細胞はさまざまな倫理的・法的・社会的課題（ＥＬＳＩ）を内包している。もっとも重要な点として、ＥＳ細胞を作成するにあたっては前述のように胚を壊す必要があるため、それは「生命の萌芽」を壊すことであるとして、その倫理的問題が指摘された（☞第10章）。

人工多能性幹細胞（ｉＰＳ細胞）の登場

ＥＳ細胞と同様に身体のさまざまな細胞に分化する能力を持ちながらも、胚を用いずに作成することのできる幹細胞が人工多能性幹細胞（ｉＰＳ細胞）（Induced Pluripotent Stem Cell）である。二〇〇六年に山中伸弥らは、マウスの皮膚の細胞に四つの遺伝子を導入することで分化多能性のある細胞を作成することに成功し、翌二〇〇七年にはヒトの細胞でも作成に成功した。この功績によって山中は二〇一二年にノーベル医学・生理学賞を受賞している。

ｉＰＳ細胞はＥＳ細胞のように作成時に胚を壊す必要がないため、ＥＳ細胞の持つＥＬＳＩをすべて解決するかのように論じられたり、ｉＰＳ細胞の登場によってＥＳ細胞はもう不要であるかのように論じられたりすることがある。しかしｉＰＳ細胞の研究の進展のためにはＥＳ細胞との比較が不可欠であるため、ＥＳ細胞の重要性はむしろ高まったといえる。

日本における幹細胞研究への支援[2]

ｉＰＳ細胞の登場に関して、それが日本人研究者によって成しとげられた研究成果であることを背景として、日本では他国に比べて非常に大きな関心が寄せられ、その後の政策の方向に大きな影響を与えた。日本においては一九九〇年代後半以降、科学技術会議（現・総合科学技術・イノベーション会議）に設置された生命倫理委員会を中心にＥＳ細胞を用いた研究の規制に関わる議論が展開されていたが、ｉＰＳ細胞に関しては特に文部科学省を中心として倫理指針や関連法が整備されていった。二〇〇〇年代に入って実施されていた再生医療実現化プロジェクトもｉＰＳ細胞の研究を軸として再構築されたほか、ｉＰＳ細胞ロードマップのように研究を重点的に支援する政策が登場し、再生医療に関してその実現の道筋をつけることを目指したいわゆる「再生医療三法[3]」も成立し、規制・支援の枠組みが形成された。ここでは行政がｉＰＳ細胞研究に対して提示した肯定的な未来像が大きく影響している（☞第5章）。

3　生－資本との関わり(4)

医療を目指した細胞工学は社会に多くの恩恵や利益をもたらしたが、それと同時に、「生」が持つさまざまな側面を資本へと変化させ、市場の中に組みこむという役割も果たした。このような資本化された「生」を「生－資本（biocapital）」と呼ぶ(5)。

医療を目指した細胞工学と「生」の資本化

「生」が人工物としての特許の対象となっていくことを一つの契機として、「生」が持つさまざまな側面は資本化され、市場において扱われるようになっていった。このことは医療を目指した細胞工学の進展とも深く関係している。ここでは二つの例を挙げる。

二〇〇五年には韓国の黄禹錫（ファン・ウソク）によるＥＳ細胞に関する論文が捏造であったことが公になったが、研究に用いるＥＳ細胞を得るために、金銭の授受やハラスメントを含む強制的な方法で卵子が入手されていたことも明らかになった。このことはＥＳ細胞の作成が、ともすると女性や社会的弱者への不当な圧力のもとに行われるという倫理的問題の存在を示している。ここでＥＳ細胞や卵子、あるいは女性や社会的弱者は、それ自体が経済的な取りひきの対象となっている、つまり資本化された存在となっているのである。

さらにｉＰＳ細胞の登場によって、提供者に大きな負担を強いずに簡単に手に入る細胞を操作して生殖細胞を大量生産することも原理的には可能となる。そうした場合に、受精卵や胚を従来のように「生命の萌芽」として扱うことがはたして可能なのかといった倫理的問題が問われることになる。ここでも、iPS細胞やそこから作成される生殖細胞、それらを受精させて作られる受精卵や胚は、医療産業のための資源、まさに資本とみなされている。

培養肉への転用

医療を目指した細胞工学の技術は、治療以外の領域にも転用されうる。その一例として培養肉を挙げることができるだろう。培養肉とは細胞を培養することで人工的に作成された肉のことである。培養肉が注目を集めている背景には、従来の畜産によって生じている諸問題、すなわち家畜からの大量の温室効果ガスの排出といった環境問題・動物由来の未知の感染症の発生といった公衆衛生の問題・動物の肉を食べることにまつわる倫理的問題などの問題群が、培養肉の産業化によって解決しうるという期待が存在している[6]。そして培養肉の産業化においては、分子レベルで「生」の資本化が行われているのである。

今後医療を目指した細胞工学のELSIを考察していくにあたっては、幹細胞や培養肉といった個々のトピックをめぐる言説を詳細に分析し、生-資本に関連した側面をさらに検討する必要があるだろう。

併せて読んで！　第2章、第3章、第5章、第10章、第11章

注

（1）　胚性幹細胞（ＥＳ細胞）および人工多能性幹細胞（ｉＰＳ細胞）に関する詳細は八代（2011）を参照。

（2）　詳細は標葉（2020）を参照。

（3）　「再生医療を国民が迅速かつ安全に受けられるようにするための施策の総合的な推進に関する法律」（再生医療推進法）、「再生医療等の安全性の確保等に関する法律」（再生医療等安全性確保法）、「医薬品、医療機器等の品質、有効性及び安全性の確保等に関する法律」（改正薬事法）の三つの法律を指す。

（4）　本節の記述は標葉（2019）に多くを負っている。

（5）　生－資本に関する代表的な著作として、Cooper（2008）、ラジャン（2011）、ローズ（2014）などが挙げられる。

（6）　培養肉に対する期待に関してはシャピロ（2020）を参照。また、培養肉についての基礎的な知識に関しては竹内・日比野（2022）を参照。さらに、培養肉に対して日本人がどのような意識を持っているかに関しては Hibino et al.(2023) と Takeda et al.(2023) を参照。

参考文献

Cooper, Melinda（2008）*Life as Surplus : Biotechnology & Capitalism in the Neoliberal Era*, The University of Washington Press.

Hibino, Aiko, Futoshi Nakamura, Mai Huruhashi, & Shoji Takeuchi（2023）"How Can the Unnaturalness of Cellular Agricultural Products be Familiarized?: Modeling Public Attitudes toward Cultured Meats in Japan," *Frontiers in Sustainable Food Systems*, 7, 1129868.

Takeda, Kohei F., Ayaka Yazawa, Yube Yamaguchi, Nozomu Koizumi, & Ryuma Shineha（2023）"Comparison of Public Attitude toward Five Alternative Proteins in Japan," *Food Quality and Preference*, 105, 104787.

標葉隆馬（2019）「科学技術社会論における生－資本論」『科学技術社会論研究』一七、三七―五三頁。

標葉隆馬（2020）『責任ある科学技術ガバナンス概論』ナカニシヤ出版。

シャピロ、ポール（2020）『クリーンミート――培養肉が世界を変える』鈴木素子訳、日経ＢＰ。

竹内昌治・日比野愛子（2022）『培養肉とは何か？』岩波書店

八代嘉美（2011）『増補　ｉＰＳ細胞――世紀の発見が医療を変える』平凡社新書、平凡社。

ラジャン、カウシック・Ｓ（2011）『バイオ・キャピタル――ポストゲノム時代の資本主義』塚原東吾訳、青土社。

ローズ、ニコラス（2014）『生そのものの政治学――二十一世紀の生物医学、権力、主体性』檜垣立哉監訳、小倉拓也・佐古仁志・山崎吾郎訳、法政大学出版局。

（古俣めぐみ）

第19章　合成生物学

合成生物学は、工学の考え方を生物の材料に適用した科学技術の領域である（Davies 2018）。二〇〇〇年代に提唱されて以来、有用な物質を効率的に生産する手段として産業界や政府関係者に注目されている。たとえば、マラリアの治療薬やバイオ燃料がより効率的に作られるようになった。そのため、生物資源を産業に活用する「バイオエコノミー」の有望な分野として、国家の経済成長をもたらすと期待されている。実際に、アメリカでは合成生物学研究センター（Synthetic Biology Research Center：SynBERC）というプロジェクトが二〇〇六年から始まり、イギリスでも『イギリスにおける合成生物学ロードマップ』が二〇一二年に提言されて、政府主導でこの分野に投資がなされている。

合成生物学の推進者たちは、それが食糧危機、気候変動やエネルギー問題などを解決する革新的な技術であり、さらに生物の機能を作ることを通じて生命自体の理解にも貢献できると主張している。一方で懐疑的な意見としては、従来の技術の延長にある「ハイリスクな利益追求型の分野」であり、合成生物学で作られた生命体の野外での利用が「既存の自然な生物多様性を脅かす」と警鐘を鳴らしている（Davies 2018）。

ほとんどの合成生物学は遺伝子[1]を分子レベルで操作するため、その操作のもととなる遺伝子工学が不可欠であり、この分野の課題を考えるうえで遺伝子工学と社会の関係を振り返ることは重要である。そこで、本章ではその関係を示す代表的な事例を紹介した後に、合成生物学に関わる課題を検討したい。

1　遺伝子組換え技術とアシロマ会議の開催

一九七〇年代に遺伝子組換え技術（組換えＤＮＡ）が開発されたことで、遺伝子工学が実現した。組換えＤＮＡとは、異なる生物由来のＤＮＡ断片どうしをつなぎ合わせて作ったものを、微生物や細胞に入れて機能させる手法である。当時、組換えＤＮＡの成功が発表されると、その潜在的な危険性が議論となった。そこで一九七四年、その手法の開発者であるポール・バークを中心に、規制の定まるまで一時停止期間（モラトリアム）の設定が提案された（☞第1章）。

翌年、バークらは関係者たちをアメリカのアシロマに招いて、組換えＤＮＡの安全性と規制を議論した。のちにアシロマ会議と呼ばれることになるこの会議は、危険性がまだ確証されていない段階でも、科学者が自主的に研究を規制した先進的な事例であり、現在でも科学者が示した社会的責任の例として引き合いに出される。この会議の示した提案は、遺伝子組換え技術の規制の端緒として重要である。その基本的な枠組みは現在も国際機関や各国の規制に引き継がれ、それらの規制対象は合成生物学に関わる実験も含まれる。

アシロマ会議はこのような功績が挙げられるものの、批判もある。重要な指摘としては、議題の内容が研究の安全性に限られており、その倫理的な懸念や悪用の危険性などは一切、触れられなかったことだ。たとえば、治療のためにヒトの遺伝子を操作することや、新しい病原菌の作製で生物兵器に転用されることである。当時、そのようなことが実現するのは遠い先の未来であるとバークらは考えていた。

2　遺伝子組換え作物

遺伝子組換え作物は遺伝子工学が農業に応用されて作られたもので、一九九〇年代後半から商業化され始めた。しかし、西欧や日本では遺伝子組換え作物に拒否感を示す人々が多く、現在でも遺伝子組換え作物の商業栽培は限られた国に偏って行われている。二〇一九年時点では二十九か国で栽培されており、アメリカ、ブラジル、アルゼンチンなどの上位五か国がその栽培面積の九一パーセントを占めている（ISAAA 2019）。世界全体で普及している主な作物としては、栽培面積でみると大豆の七四パーセント、トウモロコシの三一パーセント、菜種の二七パーセントが遺伝子組換え作物である。

食べ物の嗜好は個人の多様な価値観や関心が反映されたものであり[2]、その多様な需要を満たすためには在来の農業も存続していく必要がある。しかし、遺伝子組換え作物が近隣の異なる品種と交雑する等により、意図しない混入が生じるおそれがあり、在来の農業に損失を与える可能性が指摘されている。そこで、トレーサビリティー（追跡可能性）の確保がEUを中心に整備されている[3]。

環境面では遺伝子組換え作物が野生種と交雑して、外来の遺伝子が野生の植物に広がることで野外の生態系のバランスを壊したり、異常な植物が野外に生じてしまったりといった懸念がある。外来の遺伝子が一度、野外に広まってしまうと国境を越えて、その被害が生じてしまう可能性もある。このように遺伝子組換え作物が世界中の生物多様性に悪影響を及ぼしうるということから、二〇〇〇年代以降、国際的な規制が生物多様性条約の枠組みを通じて段階的に整備されている。[4]

3　ゲノム編集技術

ゲノム編集とは遺伝子を狙った場所で書き換える技術の総称である。そのなかの一つ、CRISPR-Cas9は二〇一二年に開発された画期的な技術であり、汎用性を持ち、高い精度で効率的に実行できることから、研究の状況を一変させた。[5]合成生物学においてもこの技術が普及しており、医療、農業や畜産業などのさまざまな産業に応用できるとされている（Carey 2019）。ただしいくつかの懸念も指摘されており、本節では代表的な論点を二つ取り上げる。[6]

生殖医療に関する論点

ゲノム編集の開発により、アシロマ会議が先送りしていたヒトの遺伝子操作に関わる問題が現実化して、安全性や倫理的な懸念が指摘されている。特に生殖細胞の遺伝子操作はその子孫を通じて永続的な変化を引き起こすため、慎重な議論が不可欠である。そこで、二〇一五年三月、CRISPR-Cas9の開発者の一人であるジェニファー・ダウドナを中心に、ヒトの受精卵に対するゲノム編集の使用を自粛するように呼びかけた（Doudna & Sternberg 2017）。しかし、わずか一か月後、中国のホアン・ジュンジウ（黄軍就）らが自粛要請を無視して、ヒトの受精卵に対してゲノム編集を実施してしまった。

それでも同年十二月、ダウドナたちはヒト生殖細胞のゲノム編集に関する国際サミットを開催した。参加者はアシロマ会議の三倍以上に増え、人文系の学者たちも招待した。議論は安全性のみならず、倫理的な懸念や社会的な影響も含めた学際的なものとなった。現状では安全が確証されず、社会的な同意も得ていないため、生殖医療への利用は無責任であると結論づけられた。しかし、その三年後には中国のフー・ジェンクイ（賀建奎）がゲノム編集を用いた生殖医療で子供を誕生させたことを発表して、懸念は現実となってしまった。とはいえ現在でも、生殖医療に関する議論は続けられている。

野生の動植物に関する論点

ゲノム編集の活用により、野生の動植物に対しても強力な影響を及ぼす手法が考え出されている（Carey 2019：ch. 8）。遺伝子ドライブ（gene drive）というその手法は遺伝の伝え方を偏らせることで、目的の遺伝子を素早く集団中に広めて、集団全体を遺伝的に改変する。たとえば不妊の遺伝子を野生の集団に速やかに広めることで、遺伝子ドライブはその集団を絶滅に追い込むことが理論的にはできる。そのため、マラリアなどの病気を媒介する蚊の撲滅、農業の害虫駆除、外来種の個体数制御などの活用に期待されている。しかし、一度使用してしまうと不可逆的な変化をその子孫にも及ぼしてしまうこと、現状では遺伝子ドライブが暴走して生態系に悪影響を及ぼす可能性を排除できないことなどの懸念が挙げられている。現在は実験段階にあり、その実用化に際しては安全性の段階的な試験とともに、研究の初期段階で利害関係者の幅広い関与と慎重な議論が求められている(7)。

4　合成生物学をめぐる現状と課題

今日、合成生物学には一致した定義は存在せず、その範囲は著者によってさまざまである。ただし、その発展はここまでに紹介した技術を重要な基盤の一つとしながら進んできた。また推進者は「工学と生物学の融合」を強調しており、工学的な設計に基づき、生命体を何か有用なことができるように操作したいと考えている（Kuldell et al. 2015）。その発想を教育面で体現しているのが、二〇〇四年から始まった国際合成生物学大会（The international Genetically Engineered Machines competition：iGEM）という学生の競技会である。大会の目的は、遺伝子をBiobricksと呼ばれる標準化された部品とみなし、それらを微生物や細胞内で組み合わせて、特定の有用な機能や能力をもたせることである。参加者の考案した設計は一般に公開され、次回以降にも活用される。このような活動はビジネスとも結びついていることが指摘されている。たとえばiGEMの創設者の一人であるトム・ナイトは、ベンチャー企業のGinkgo Bioworksを立ち上げて、iGEMの成果物を産業化している（☞第12章）。

倫理や社会に関わる課題

合成生物学をめぐる議論のほとんどはここまでに紹介してきた遺伝子組換え技術のものと共通している（Kuldell et al. 2015）。一方で、新たな懸念も生じている。当時のアシロマ会議では「遠い未来」のものとして議論されなかったが、現在ではすでに実現している技術がある。たとえば、合成生物学者は病原体のすべての遺伝物質を一から新たに作り出すことに成功しており、生物兵器への転用やテロなどの悪意のある使用が懸念される。その対策には実験の厳密な管理や情報公開の制限などが考えられるが、実験の簡易化や研究のグローバル化にともなって対策が困難になっており、規制の議論は続いている。

ただし、関係者たちは倫理や社会に関わる課題に関心を払ってきた。たとえば、アメリカのHuman Practicesというプロジェクトは責任ある研究という考え方に基づいて、合成生物学者がこれらの課題に取り組めるように設計されており、現在はiGEMの活動として実施されている。政策面では、アメリカの生命倫理に関する大統領諮問委員会が、合成生物学の有望性とともに倫理的・社会的影響を報告している（桜木ら2021）。国内では「細胞を創る」研究会が倫理や社会に関わる議論の場を定期的に設けている。

バイオテクノロジーが急速に発展し、社会に大きな影響を与えていくなかで、アシロマ会議で先送りした倫理や社会の懸念を真剣に取り組んでいかなければならない。そのためには以前の教訓を踏まえたうえで、その技術の活用がどのような人々や生き物に被害をもたらしうるのかを問うべきである。潜在的な懸念がある場合には、代替案とともに実用化を制限する判断が求められる（☞第10章、第11章）。

併せて読んで！　第1章、第9章、第10章、第11章、第12章

注

（1）遺伝子は料理の「レシピ」のように各々の環境を通じて働きかけるため、たとえ同じ遺伝子でも環境が違うと異なるものが生じうる。

（2）この論点をめぐっては倫理的な視点が不可欠であり、その詳細はThompson（2015）7・8章を参照。

（3）安全性をはじめとしたその他の社会に関わる論点は平川・奈良編著（2018）5・6章を参照。

（4）生物多様性についての詳細は宮下ほか（2017）を参照。その他の重要な懸念としては、遺伝子組換え作物の寡占が品種を均一化させてしまい、長期的には環境変動や病原菌に弱くなってしまうことなどが挙げられている（Dunn 2017: Ch. 14）。

（5）この技術は細菌の持つ免疫の仕組みを解明したことで生まれた。学術の地道な蓄積が技術の突破口となった一例であり、好奇心に駆動された基礎研究の大切さを示している（Doudna & Sternberg 2017）。

（6）その他の重要な論点として、ゲノム編集を応用した食品が従来の規制では対応できないと懸念されている。国内の規制に関しては小泉・四方（2022）を参照。

（7）アメリカの科学工学医学アカデミーは遺伝子ドライブに関する報告書「Gene Drives on the Horizon: Advancing Science, Navigating Uncertainty, and Aligning Research with Public Values」を二〇一六年に発表し、現状は遺伝子ドライブの環境への放出を推奨しないとしている。

参考文献

Carey Nessa（2019）*Hacking the Code of Life*, Icon Book.（『動き始めたゲノム編集　食・医療・生殖の未来はどう変わる?』中山潤一訳、丸善出版、二〇二〇年）

Davies, Jamie A.（2018）*Synthetic Biology: A Very Short Introduction*, Oxford University Press.（『合成生物学』藤原慶監訳、徳永美恵訳、ニュートンプレス、二〇二一年）

Doudna, Jennifer A. & Samuel H. Sternberg（2017）*A Crack in Creation: Gene Editing and the Unthinkable Power to Control Evolution*, Mariner Books.（『クリスパー——究極の遺伝子編集技術の発見』櫻井祐子訳、文春文庫、二〇二一年）

Dunn, Rob R.（2017）*Never Out of Season: How Having the Food We Want It Threaten Our Food Supply and Our Future*, Little, Brown and Company.（『世界からバナナがなくなるまえに——食糧危機に立ち向かう科学者たち』高橋洋訳、青土社、二〇一七年）

ISAAA（2019）"Global Status of Commercialized Biotech/GM Crop in 2019: Biotech Crops Drive Socio-Economic Development and Sustainable Environment in the New Frontier," ISAAA Brief No. 55, Executive Summary.

Kuldell, Natalie, Rachel Bernstein, Karen Ingram, & Kathryn M. Hart（2015）*BioBuilder Synthetic Biology in the lab*, O'Reilly Media.（『バイオビルダー——合成生物学をはじめよう』津田和俊監訳、片野昇輔・西原由美・濱田格雄訳、オライリー・ジャパン、二〇一八年）

Thompson, Paul B.（2015）*From Field to Fork: Food Ethics for Everyone*, Oxford University Press.（『食農倫理学の長い旅』大田和彦訳、勁草書房、二〇二一年）

小泉望・四方雅仁（2022）「ゲノム編集食品の取り扱いに関するルール——ゲノム編集食品の取り扱い」『化学と生物』六〇（三）、一五〇—一五三頁。

桜木真理子・森下翔・河村賢（2021）「合成生物学に関する米国大統領生命倫理委員会報告書の概要」『ＥＬＳＩノート』一三、大阪大学・社会技術共創研究センター DOI：10.18910/87559
平川秀幸・奈良由美子編著（2018）『リスクコミュニケーションの現在――ポスト３・11のガバナンス』放送大学教育振興会。
宮下直・瀧本岳・鈴木牧・佐藤光彦（2017）『生物多様性概論――自然のしくみと社会のとりくみ』朝倉書店。

（武田浩平）

第20章　脳神経科学

二十一世紀に入って、脳神経科学（neuroscience）の進歩が著しい。たとえば、われわれの動作や思考がどのような脳活動に対応するのかが徐々に明らかになってきた。これを応用した技術が、ブレイン・マシン・インタフェース（brain-machine interface：ＢＭＩ）またはブレイン・コンピュータ・インターフェース（brain-computer interface：ＢＣＩ）であり、主に運動障害がある人々の義肢の開発などに役立てられている。近年では、人工知能（ＡＩ）を使って、脳活動の解析がさらに進められている。これにより、たとえば精神障害や発達障害のメカニズムの理解が進み、治療や苦痛軽減につながる応用が期待されている。さらに、脳活動の「読み取り」を超えて、脳への「書き込み」――脳に介入して何らかの感覚や思考を呼び起こしたり、新しい知覚能力を与えたりすること――も試みられている(1)。

こうした研究は、主に医療や教育といった形で、人類に多大な恩恵をもたらすことが期待されている(2)。もちろん、その成果が社会で広く使われるまでには、乗り越えるべき技術的な課題がまだあるかもしれない。しかし、課題は技術的なものだけではない。脳神経科学のような先端科学の研究は、技術的課題にとどまらない課題――倫理的・法的・社会的課題（ＥＬＳＩ）――にも直面することになる（☞第10章）。

本章では、脳神経科学のELSI、そのなかでも特に脳神経科学にまつわる倫理的課題を考えていきたい。

1　脳神経倫理学

脳神経科学とその応用に関わる倫理的課題は、主に脳神経倫理学（neuroethics）という研究領域で論じられる。脳神経倫理学は、脳神経科学の発展に合わせて二〇〇〇年代初頭に提唱され、今日に至るまで世界的に研究されている。

脳神経倫理学は倫理学の一種である。倫理学には、主に規範倫理学（normative ethics）と応用倫理学（applied ethics）という二つのサブフィールドがある。規範倫理学が「嘘をつくのが悪いのはなぜか」のような一般的で基礎的な問題を扱うのに対して、応用倫理学はより個別的で応用的な問題を扱う。この二つのうち、脳神経倫理学は応用倫理学に属する。応用倫理学のなかには、脳神経倫理学のほかに、生命倫理学や医療倫理学やビジネス倫理学など個々の応用場面の名前を冠した研究領域がある。

脳神経倫理学では、具体的にどのようなことが論じられているのか。脳神経倫理学が扱ってきた課題はかなり幅広く、すべてを列挙することは難しい(3)。以下では、これまで取り上げられてきた主要な課題を、大きく二つのタイプに分けて概観したい。

脳神経科学に特有ではない、一般的な倫理的課題

「脳神経科学の研究にともなう倫理的課題」にはさまざまなものがある。しかし、そのなかには、脳神経科学に限らず重要な、ごく一般的な課題がある。そのような課題は脳神経倫理学という領域ではあまり取り上げられないが、ここで簡単にみておきたい。

たとえば、盗用の禁止のような、通常の意味での「研究公正」を考えてほしい。これは脳神経科学に限った話ではない――どの研究領域でも盗用は重大な研究不正であり、倫理的にも問題である。同様に、研究活動における差別の禁止や、研究者コミュニティにおける多様性の担保は、どの分野にもあてはまる一般的な倫理的課題だ。また、近年議論が進められている責任ある研究・イノベーション（RRI）にまつわる考慮事項は、脳神経科学に限らず、あらゆる先端的な科学研究にあてはまる。

同様に、ヒトを対象とした研究では、インフォームド・コンセントに代表されるような有効な同意を得ることが倫理的に求められる。これも、脳神経科学に限らずあらゆる研究において重要だ。ただし、脳神経科学では、知的障害がある人々など、「研究内容を理解して同意する」ことが必ずしも容易でない人々を被験者とせざるをえない場合がある。たとえば、脳機能障害のメカニズムを研究する場合がそうである。このとき、「有効な同意を得よ」という倫理的要請は見かけほど単純ではないし、それを頭ごなしに求めるのは研究そのものを阻害してしまうおそれがある。このように、同意をめぐる倫理的課題は、脳神経科学において特に難しい問題を生じさせる（Presidential Commission for the Study of Bioethical Issues 2015 : ch. 3）。

脳神経科学に特有の倫理的課題

これに対して、もっとも狭い意味での脳神経倫理学の問題、つまり、ヒトの脳や神経のはたらきの解明や介入そのものに関わる倫理的課題がある。先端的な脳神経科学に関連して実際に論争の的になるのは、多くはこちらである。

一つは精神的プライバシー（mental privacy）の問題である。これは、個々の人が考えたり感じたりしていることを他の人々に知られないこと、誤解をおそれずいえば「心を覗き見られない」ことをいう。もちろん、街を歩く人々の精神活動を監視するなどといったものは、実際の脳神経科学から乖離している。考えるべきなのは、司法の場で被疑者の脳活動データを証拠として扱うことや、重い意識障害がある人の意思を確認するために脳機能イメージング技術を使うことなど、比較的現実的なものである。それでは、対象者の同意なく精神活動を「見る」ことは、どのような場合に倫理的に許されるだろうか。たとえば、精神的プライバシーは、重大な犯罪の捜査のように一定の公益に資する場合であれば制約をかけてよいか。それとも、精神的プライバシーは絶対的な保護の対象であって、どんな場合にも制約をかけてはならないだろうか。

また、脳神経科学の成果の応用として、単に誰かの精神活動を「見る」だけでなく、そこに介入することも考えられる。脳神経倫理学の問題としてよく懸念されるのは、脳神経科学の知見を広告に応用して人々の政治的行動や消費行動を操作することである（Garden et al. 2019：18–19）。

さらに、脳や神経への介入によって医療目的以外で能力を高めること、つまり脳神経エンハンスメント（neuroenhancement）も、脳神経倫理学の典型的な論点である。代表例として、集中力や記憶力を高める「認知エンハンスメント」や、道徳的に振る舞う能力を高める「道徳エンハンスメント」、気分をよくする「気分エンハンスメント」などがある。

脳神経エンハンスメントには主に二つの倫理的課題がある（植原ほか編 2009 もみよ）。第一に、対象者の同意なくエンハンスメントを施すことは、どのような場合に倫理的に許されるだろうか。たとえば、旅客機のパイロットの認知的能力を高めたり、重罪を犯したサイコパスに共感能力を与えたりするように、一定の公益に資する場合であれば、エンハンスメントを強制してもよいか。それとも、公益のためだからといって、エンハンスメントを強制することはつねに許されないだろうか。第二に、エンハンスメントを自分自身に施す場合にも、倫理的課題がある。エンハンスメントを擁護する人々の考えでは、私たちには、（よほど他人に迷惑をかけない限り）自らの能力を自由に高める権利がある。これに対して、エンハンスメントに反対する人々は、科学の力に頼って能力を高めるのは「ずる」ではないかと考える。たとえば、試験でよい成績をとるために精神科の薬を飲むのは、倫理的に問題ないだろうか[4]。さらに、エンハンスメントは先端技術の応用であり、高価になるだろうから、それを真っ先に享受できるのが富裕層であることは想像に難くない。そのため、エンハンスメント技術は、現行の不平等や差別を温存・再生産してしまわないか。こうしたさまざまな課題は、「エンハンスメントの倫理学」として、今日でも盛んに論じられている。

2　倫理学と脳神経科学

脳神経科学に特有の倫理的課題を思い出してほしい。たとえば、精神的プライバシーの問題を考えるうえで、ディストピア的な監視社会を想像する必要はない。しかし、実際の脳神経倫理学の議論では、こうした極端な想定は（残念ながら）珍しくない。同様に、脳神経エンハンスメントをめぐる議論では、能力を無際限に拡張した「トランスヒューマン」がしばしば登場する。これらは、実際の脳神経科学から大きく乖離しており、熱狂（hype）の一種だと思われるかもしれない。科学技術コミュニケーションの文脈では、マスメディアが科学の成果を過剰に伝えることにより、一般市民が科学に対して過大な期待や失望を向けたりすることが指摘されている（☞第5章）。もしかすると、脳神経倫理学の議論に登場する非現実的な想定は、それらと同じ問題を抱えているのではないか。

もし、脳神経科学とその応用に関わる喫緊の倫理的課題に取り組むことを目指して脳神経倫理学に取り組むのであれば、こうした非現実的想定のほとんどは無意味だろう。言うまでもなく、脳神経科学の研究実践に即したものでなければ、それにまつわる倫理的課題に取り組むことはできない。これに対して、あくまで倫理学的探求を目指して、思考実験として脳活動に言及する場合には、非現実的な想定をおくことは、直ちに問題でないかもしれない。

とはいえ、倫理学的探究がいつも脳神経科学の知見を無視するわけではない。脳神経倫理学と似た研究領域に、倫理の脳神経科学（neuroscience of ethics）がある。この領域では、倫理にまつわる人々の判断・思考・反応などを脳神経科学の手法を用いて探究し、それを倫理学に反映する試みがなされてきた。代表例はジョシュア・グリーンの二重過程理論（Greene 2013）である。ただし、グリーンの理論は現在までにさまざまな反論を受け、再検討を迫られている。

3　脳神経科学の倫理をめぐる制度的動向

最後に、以上の倫理的課題をめぐる制度的な動きを簡単にみておきたい。

近年、先端科学の研究において、倫理学者が「外」から倫理的課題を指摘するのではなく、科学研究の早い段階から倫理学者が能動的に科学研究の現場に参加することが重要視されている。こうした倫理統合（ethics integration）の試みは、たとえばアメリカのBRAIN Initiativeやヨーロッパの Human Brain Project といった大型研究プロジェクトにおいて進められている。

これとは別に、脳神経科学を規制する観点からも、興味深い動向が一つ指摘できる。たとえば、ヨーロッパを中心として、脳神経科学の発展にともなって求められる新しい人権、すなわち脳神経関連権（neurorights）が、新たな規制枠組みとして提唱されつつある（Ienca 2021；石田・標葉 2024）[(5)]。脳神経関連権は、「精神的プライバシー権」などを含むさまざまな権利の総称、つまり脳神経科学の知見によって脅かされうる利益の総称である。これが本当に「新しい人権」なのかどうかには議論の余地があるが、脳神経科学のＥＬＳＩを考えるうえで今後の重要な参照点となるだろう。

併せて読んで！　第1章、第5章、第10章、第11章

注

（1）脳神経科学のこれまでの歩みと近年の試みについては、紺野・池谷（2021）をみよ。

（2）科学技術・学術審議会　研究計画・評価分科会　脳科学委員会　戦略的に推進すべき脳科学研究に関する作業部会（2020：1）。

（3）主なものは佐倉・福士（2007）や信原・原編（2008）で論じられている。さらに学習を進めたい読者は、スタンフォード哲学百科事典の "Neuroethics" の項目（Roskies 2021）や Ishida et al.（2023）の比較文献レビューを参照されたい。

（4）実際に、アメリカの大学では、過去に集中力向上を目的としたリタリンの濫用が広まり問題となった。

（5）脳神経関連権をめぐるアドボカシーが最も顕著な国の一つがチリである。チリでは、二〇二一年に、脳活動とそれに関連するデータの保護を明記した憲法改正案が議会で可決され、世界的な注目を集めた。ただし、この憲法改正案は二〇二三年十二月の国民投票で否決され、脳神経関連権の憲法への盛り込みは現実化していない。詳細な動向については標葉（2024）をみよ。

参考文献

Garden, Hermann, David E. Winickoff, Nina Maria Frahm, & Sebastian Pfotenhauer（2019）"Responsible Innovation in Neurotechnology Enterprises," OECD Science, Technology and Industry Working Papers, no. 2019/05. OECD Publishing. https://doi.org/10.1787/9685e4fd-en.（最終アクセス日二〇二三年八月十八日）

Greene, Joshua（2013）*Moral Tribes: Emotion, Reason, and the Gap Between Us and Them*, Penguin.（竹田円訳『モラル・トライブズ――共存の道徳哲学へ　上・下』岩波書店、二〇一五年）

Ienca, Marcello（2021）"On Neurorights," *Frontiers in Human Neuroscience*, 15, 701258.

Ishida, Shu, Yu Nishitsutsumi, Hideki Kashioka, Takahisa Taguchi, & Ryuma Shineha（2023）"A Comparative Review on Neuroethical Issues in Neuroscientific and Neuroethical Journals," *Frontiers in Neuroscience*, 17, 1160611.

Presidential Commission for the Study of Bioethical Issues（2015）*Gray Matters, Vol. 2: Topics at the Intersection of Neuroscience, Ethics, and Society*.

Roskies, Adina（2021）"Neuroethics," In Edward N. Zalta（ed.）, *The Stanford Encyclopedia of Philosophy*（*Spring 2021 edition*. https://plato.stanford.edu/archives/spr2021/entries/neuroethics.（最終アクセス日二〇二三年八月十八日）

石田柊・標葉隆馬（2024）「「脳神経関連権」再考――先端的脳神経科学のＥＬＳＩをいかに論じるべきか」『先端技術社会論研究』二一、八二―九九頁。

植原亮・中澤英輔・前田晃一・ＵＴＣＰ編（2009）『エンハンスメント・社会・人間性』共生のための国際哲学教育研究センター。

科学技術・学術審議会　研究計画・評価分科会　脳科学委員会

戦略的に推進すべき脳科学研究に関する作業部会（2020）『社会への貢献を見据えた今後の脳科学研究の推進方策について――中間とりまとめ』https://www.lifescience.mext.go.jp/files/pdf/n2245_03.pdf（最終アクセス日二〇二三年八月十八日）

紺野大地・池谷裕二（2021）『脳と人工知能をつないだら、人間の能力はどこまで拡張できるのか――脳ＡＩ融合の最前線』講談社。

佐倉統・福士珠美（2007）「脳神経倫理――脳科学と社会の健全な関係をめざして」『生命倫理』一七（一）、一八―二七頁。

標葉隆馬（2024）「先端科学技術のソフトローをめぐる国際競争の意味と視座――中村論文へのコメント」『法律時報』九六（三）、七九―八四頁。

信原幸弘・原塑編（2008）『脳神経倫理学の展望』勁草書房。

（石田　柊）

第21章　気候工学

現代社会が直面する深刻な課題の一つに気候変動がある。気候変動に関する国際的な議論は一九九二年にリオ・デ・ジャネイロで開催された「環境と開発に関する国際連合会議（地球サミット）」を契機に本格化した。しかし、その議論の中心は主要な温室効果ガスである二酸化炭素の排出量削減であり、経済活動への影響について懸念を抱く国も多く、具体的な取り組みに向けた合意に至らない状況が続いた。そのような国家間での政治的な合意形成の難しさが露呈するなかで注目を浴びるようになったのが、気候工学（ジオ・エンジニアリング）と呼ばれる科学技術領域である。その重要性を訴えた大気化学者のパウル・クルッツェンが「気候を最適化する」技術として特徴づけたように（Crutzen 2002）、その内容は気候変動への対策として意図的で大規模な地球環境の改変を目指すものであり、人間の活動の結果として生じた気候変動という課題に対して科学技術を用いた自然へのさらなる介入に活路を見出そうとする人間例外主義的な姿勢には、批判の声も上がっている。

1　気候の最適化

地球上で生じるさまざまな自然現象は太陽から発せられるエネルギーに依存しているが、地球に届くすべてのエネルギーが活用されているわけではなく、一部のエネルギーは宇宙空間に放出される。このようなエネルギー収支のバランスが崩れ、地球にとどまるエネルギー量が過多になった結果、地球環境が大きく変化してしまうのが気候変動あるいは地球温暖化などといわれる現象である。もちろんエネルギー収支のバランスはつねに一定に保たれてきたわけではなく、さまざまな自然現象との関わりによって、短期的あるいは中・長期的に変化してきた。しかし、人類が産業革命以降に化石燃料への依存度を高めてきたことで、そのバランスが急速に崩れようとしているのである。化石燃料の消費は大気中に含まれる主要な温室効果ガスである二酸化炭素の量を増加させ、太陽から届いたエネルギーが宇宙空間に放出されるのを妨げる。これに対して、主に二酸化炭素除去と太陽放射管理という二つのアプローチにより気候システムに介入し、状況の改善を目指すのが気候工学である（杉山 2021；水谷 2016）。

二酸化炭素除去

二酸化炭素は人類の誕生以前から自然環境中に存在しており、光合成に代表されるように自然の仕組みで活用されるが、化石燃料の消費によって大気中の二酸化炭素量が大幅に増加したことで、そのような自然の仕組みでは対応しきれない状況が生まれている。二酸化炭素除去として検討されているアプローチでは、二酸化炭素を吸収・固定する自然の力を増強させる手法が主流である。古くは植林などの取り組みがなされてきたが、より現代的な手法として海洋中の植物プランクトンによる光合成を促進する方法のほか、海水中により多くの二酸化炭素を溶け込ませる方法なども検討されている。また、大気中から直接二酸化炭素を除去する装置なども考案されているが、運用コストの大きさやその作動に多くのエネルギーを消費することなど、実用化に向けては効率化が大きな課題となっている。

太陽放射管理

二酸化炭素除去が大気中の温室効果ガスの削減を目指しているのに対し、太陽放射管理はそもそも太陽から地球に届くエネルギーの量を減らすことを目指した技術である。自然現象を人工的に再現する方法として、上空の比較的低いところに雲を発生させて太陽光を反射する手法のほか、硫酸などのように反射材として機能する微粒子を含んだエアロゾルを成層圏に注入するといった手法も検討されている。後者は、火山が大規模噴火した際に火山灰とともに上空に打ち上げられる火山ガスを模したもので、過去の事例からその冷却効果が確認されている。ほかにも、宇宙空間の太陽と地球の間に太陽光を遮るための巨大な日除けを設置することも提案されているが、具体的な研究はあまり進んでいない。

気候の改変

人為的に気候を操ろうとする科学的な試みは気候工学に限られたものではない。古くは、人工降雨・降雪などの気候制御のための技術が二十世紀中頃から検討されており、実際に使われてもきた。そのような技術が影響の及ぶ地域・期間が限定的であることを前提としていたのに対して、気候工学はその目的を達成するために大規模かつ長期的な影響をもたらすものでなくてはならない。そして、そのような気候の改変は、結果として生態系にも影響を及ぼすことが予想される。たとえば、海水中により多くの二酸化炭素を溶け込ませようとすれば、海水の酸性化が進み、プランクトンやサンゴなどの海洋生物がその影響を受けることになる。二十一世紀に入って、期待の高まりとともに気候工学に関わる研究開発が進められているが、その実用化は地球環境に不可逆的な変化をもたらす可能性をはらんでおり、だからこそ慎重な議論が求められてきた（杉山 2021；The Royal Society 2009）。

2　人新世との関係

気候工学が注目されるようになった背景に、気候変動に関して国際的な合意形成の難しさがあったことはすでに述べた。科学技術への期待の高まりは国際政治への失望の裏返しとも捉えられる。このような気候変動に対する姿勢の変化は、人新世（アントロポセン）（Anthropocene）という言葉の登場とも深く関係している。

一九八〇年代にオゾン層が季節的に薄くなる現象が確認され、オゾン層破壊の原因とされたフロンガスなどの化学物質についてモントリオール議定書という国際的な規制枠組みが実現された。気候変動への取り組みはこれを前例として検討が行われてきたという経緯がある。しかし、化石燃料の使用は経済活動と強く結びついており、フロンガスのときのような迅速な国際的な対応には至らなかった。むしろ、観測された気候の変化と人間活動との関係を疑問視する立場まで登場し、具体的な達成目標を盛り込んだ京都議定書も発効までに時間がかかっていた。そのような状況のなかで、人類の責任をあらためて認識することを求めて提示されたのが、この人新世という言葉であった。

人新世とは

人新世は、人間の活動が地球規模で顕著な影響を与えてきた結果、約一万年前から続いてきた完新世という地質年代が終わりを迎え、新たな地質年代に突入していることを示唆する考え方である（Bonneuil & Fressoz 2016）。フロンガスに関する研究で一九九五年にノーベル化学賞を受賞したクルッツェンが国際会議の場で提案し、二〇〇〇年代初頭に発表された論考（Crutzen 2002；Crutzen & Stoermer 2000）によって広く注目を集めることとなった。ただし、それは地質年代として正式に認められたわけではなく、そのはじまりも化石燃料の使用が増加し始めた十八世紀後半とする見方から、原爆の使用によって大量の放射性物質が大気中に放出されることとなった第二次世界大戦とするものまで多岐に及ぶ。

責任の強調

地質年代としての科学的な妥当性にかかわらず、人間活動が地球環境に与えてきた影響が気候変動という課題を生じさせたことを強調する際に、人新世は言及されることが多い。人間が地球環境に与えてきた影響には、絶滅種の急増や窒素やリンなどを含む人工肥料の使用などさまざまに考えられ、それぞれ地層に含まれる化石や化学物質の変化として科学的に読み取れる可能性があるが、大気中の二酸化炭素の増加もまさにそのような影響の一つとして議論される。そして、気候変動が人間によって引き起こされたという認識は、その解決策の一つとして気候工学を推進する根拠にもなっている。このことは、人新世の提案者であるクルッツェンが気候工学の支持者として積極的にその議論を進めてきたことからも見てとることができる（Crutzen 2006；桑田 2017）。一方で、文化人類学では同様の認識がマルチスピーシーズ民族誌に代表される人間例外主義からの脱却を推し進める議論へと展開しており（☞第13章）、気候工学による地球環境の改変が個別地域における歴史や文化、社会構造を軽視するならば、それが責任を受け止めたうえでの解決策といえるのかは疑問が残る（見上 2023）。

3　ガバナンスの必要性

気候工学の議論は用いられる科学技術の詳細だけではなく、実用化をどのように進めていくべきかという科学技術ガバナンスの議論をともなって展開されてきた（杉山 2021；水谷 2016）。二〇〇九年に英国王立協会が発表した報告書では、技術開発よりも技術の使用に向けた倫理的・法的・社会的課題への対策が問題となる可能性も示唆されており、適切なガバナンス体制の構築が強く求められている（The Royal Society 2009）。気候変動の取り組みにおいても、歴史的により多くの温室効果ガスを排出してきた先進国よりも発展途上国のほうがその影響を強く受ける可能性が指摘されており、足かせの一つになっている。同様に、気候工学でも研究開発の主導権を握る国とその実施によって影響を受ける国の間に乖離が生じる可能性があり、政治的な議論による合意形成を回避することはできないのである。

モラルハザードの問題

気候工学に関わる倫理的な議論の一つにモラルハザードの懸念がある。気候工学は気候変動として予想される地球環境の変化を可能な限り小さくとどめることを目指したものであり、特に太陽放射管理は原因となる温室効果ガスを削減させるものではない。ある意味では、化石燃料への依存から脱却するための時間稼ぎと捉えられる性質のものである。しかし、そのような科学技術の手法が開発されることで、化石燃料の使用を減らし排出する温室効果ガスの量を削減することの喫緊性が薄れ、取り組みが停滞してしまうことが懸念されている。根本的な対策の遅れは、結果として気候工学の手法への依存度を高めることとなり、その効果なくしては人類が生存できる地球環境を維持することができなくなってしまう可能性もある（桑田 2017）。中・長期的な副作用をもたらす可能性があるなかでの安易な実用化は、将来世代を現在よりも深刻な状況に追い込むことにもなりかねない。

実験の難しさ

気候工学は人為的に気候システムに介入する技術であり、その影響について不確実性をともなうため、実施には慎重な検討が必要という見解が提示されてきた（Stilgoe et al. 2013）。どれくらいの効果が、どの程度の期間にわたって得られるのか、そして気候変動の対策としてそれを実施するのであれば誰にどれくらいのコストが求められるのかなど、多角的な視点から理解を深めることが必要である。そのためには技術開発の一環として実験を行うことも必要となるが、小規模であったとしても、気候システムあるいは生態系に不可逆的な影響を与える可能性は否定できない。また、気候システムや生態系への影響を考慮して行う小規模の実験から得られた結果が、本格的な実施によって生じる影響を適切に反映している保証もない。逆に有意義なデータを得るために最初から大規模な実験を行うとすると、それは実験の域を超えてしまっている可能性さえある。だからこそ、研究開発の段階から科学技術ガバナンスの議論が不可欠であり、時間稼ぎの手段であるはずの気候工学も本格的な実施までに長い道のりが立ちはだかっていると考えられている。

併せて読んで！　第5章、第9章、第10章、第11章、第22章

参考文献

Bonneuil, Christophe & Jean-Baptiste Fressoz（2016）*L'Événement Anthropocène : La Terre, l'histoire et nous*, Seuil.（『人新世とは何か――〈地球と人類の時代〉の思想史』野坂しおり訳、青土社、二〇一八年）
Crutzen, Paul（2002）"Geology of Mankind," *Nature*, 415, p. 23.
Crutzen, Paul（2006）"Albedo Enhancement by Stratospheric Sulfur Injections : A Contribution to Resolve a Policy Dilemma?" *Climatic Change*, 77, pp. 211–219.
Crutzen, Paul J. & Eugene F. Stoermer（2000）"The "Anthropocene."" *Global Change News Letter*, 41, pp. 17–18.
Stilgoe, Jack, Watson Matthew, & Kuo Kirsty（2013）"Public Engagement with Biotechnologies Offer Lessons for the Governance of Geoengineering Research and Beyond," *PLOS Biology*, 11（11）, e1001707.
The Royal Society（2009）*Geoengineering the Climate : Science, Governance and Uncertainty*, The Royal Society.
桑田学（2017）「人新世と気候工学」『現代思想』四五（二二）、二二二―二三二頁。
杉山昌広（2021）『気候を操作する――温暖化対策の危険な「最終手段」』ＫＡＤＯＫＡＷＡ。
見上公一（2023）「対立する双子？――気候工学と環境人文学」『連接』一、七―二三頁。
水谷広（2016）『気候を人工的に操作する――地球温暖化に挑むジオエンジニアリング』化学同人。

（見上公一）

第22章　災禍

本章では地震、津波、台風などの自然災害にとどまらず、感染症、また事故や戦争といった幅広い事柄を含むものとして「災禍」という言葉を基本的に使うことにしたい。災禍は、それが発生する以前からの社会構造的な課題と相互作用しながら、そのリスクが不均等に分配されていくという特徴を持つ。このような問題群について、災害研究の分野には多くの蓄積がある。本章でそのすべてを紹介することは不可能であるが、ここでは科学技術社会論や「倫理的・法的・社会的課題（ＥＬＳＩ）」の議論と特に関連性が深いと考えられる事柄に絞って（☞第10章）、いくつかの論点を紹介していくことにしたい。

1　社会的脆弱性の視点

災害研究などの文脈では、災害は平時からある「社会的脆弱性（Social Vulnerability）」が発露する契機として捉えられる。平時からある経済的格差、地域格差、差別などの構造に応じて、より脆弱性を抱える地域や人ほど、リスクの不均等分配にさらされることになり、また災害時にはより大きな被害としてダメージが降りかかることに注目するものである（Wisner et al. 2003）。

この視点は、自然災害に限らず、昨今の「新型コロナウイルス感染症（ＣＯＶＩＤ-19）」などパンデミックをめぐる議論においても重要なものとなっている。そもそも、社会的脆弱性は平時からの健康格差に直結するものであり、またその歪みがパンデミックにおいてより顕著に露呈するためである（☞第2章）。

ここで、世界保健機構（World Health Organization：ＷＨＯ）の議論を簡単に概観しておくことにしたい[1]（標葉 2021）。ＷＨＯは以前より、健康格差の解消において、社会的決定要因の解消がきわめて重要な課題であることを繰り返し強調し、社会的脆弱性に注目した積極的な社会政策の実施を提案してきた経緯がある。そこでは、日常生活状況の改善、権力・資金・リソースの不公平な分配の是正、ジェンダー平等をはじめとするテーマ群などが繰り返し論じられてきた。

このような視点は、ＣＯＶＩＤ-19をめぐる議論においても引き継がれている。二〇二〇年以降に公表されたＷＨＯの関連報告書のなかでは、健康上の高リスクをもたらす要因として、「貧困と収奪」、「不安定な雇用における低所得労働者の強制的な流動性」、「社会的防護の欠如」、「密集した居住」、「職業における貧弱な保護と低い職業健康標準」、「不平等な法的資格／在留資格」、「スティグマ化」、「公衆衛生情報への可能なアクセスの不平等」、「適切な値段で受けられる治療、予防、ワクチン接種へのアクセス不平等」などの要因が挙げられ、そして社会的脆弱性のなかにある人ほどＣＯＶＩＤ-19の健康・社会・経済的リスクの不平等な分配にさらされること、特に高齢者、障碍者、基礎疾患を持つ人、貧困層、エッセンシャルワーカー、マイノリティ、移民、紛争地域の住民、収監された人々、ホームレスといった社会的属性を持つ人々への注目を促している。そして、たとえば表22-1に示すように、時系列

表22-1　WHO が指摘する COVID-19がもたらす社会経済的インパクト

	社会経済的インパクト
第一フェーズ	雇用不安と不完全雇用、失職、性暴力の増加、貧困リスクの増大とワーキングプア、死亡率と疾病率の増大、飢餓（食料・燃料供給不安）、アルコール消費量の増大、ストレス・不安の増大、周辺的な人々や脆弱な医療システムを抱える地域に住むあるいは健康不安を抱える人々における高い感染率と死亡率
第二フェーズ	獲得されてきたジェンダー平等の喪失、食料不足、自殺率の増加、避けられる入院の増加、日常的なケアの不足と高齢者隔離の増加、失業率の増加と高止まり、居住不安（ホームレス増加）、メンタルヘルス問題の増加、貧困リスクの増加、犯罪増加、犯罪のつけ入る予知の増加・高利貸し・組織犯罪への誘導、会社の閉鎖、スティグマ化と排外主義、児童への悪影響、家族ストレスの増大、障害を持つ児童が学校教育におけるキャッチアップしづらくなる、ニートの増加、アルコール中毒
第三フェーズ	社会的結束の破綻、不平等の増大、長期の健康障害、地域間における経済・健康の格差の拡大と回復の遅れ、避けられる入院の増加、長期失業

出所）標葉（2021）

にそった形でCOVID-19禍における復興と変遷のなかで生じうる社会経済的ならびに健康への不均等な影響の望ましくないシナリオについて考察している(2)。

なお紙幅の関係から詳細は省くものの、ここでみてきたWHOの議論のような視点は、たとえばヨーロッパにおけるCOVID-19に関わる科学技術政策の展開にも広くみることができる。これらの議論の背景には、平時からの社会的脆弱性の克服の重要性への高い関心がある。これは「災禍」において社会的脆弱性の克服こそが社会全体のリスクを下げることにつながるという考え方の発露といえる。だからこそ、平時からの社会的格差やそれがもたらす人権への脅威、不平等の是正、社会正義といった課題への問題意識が強く意識されているのである（標葉

2021)。

2　災禍とメディア言論

災禍をめぐる社会的課題を考えるうえで、マスメディアとソーシャルメディアにおける言論動向は非常に重要な要素となる。それは社会的関心の配分への影響を引き起こし、その結果、政治的・経済的・人的資源の配分の問題につながっていくからだ。また同時に、文字として流布されることで、一種の「記録」としての機能も併せ持つ。

一つの事例として、東日本大震災におけるメディア言論の研究例をみるならば、メディアによる災禍の記録や関心は、全国紙・SNSと地方紙の間で大きく異なっていることが明らかになっている。全国紙では、震災発生ののち二週間ほどで、「津波」と「地震」に関する話題は相対的に背景化し、「原発事故」に関する話題が支配的になっていった。これは「原発事故」が「津波」「地震」を飲み込んでいった、社会的な関心を奪っていったとも表現できる。この状況はSNSにおいても同様であった。一方で、被災地域のメディア報道に目を向けると、宮城県の『河北新報』などでは、「津波」被害に対する報道関心が残り続けていたことが明らかになっている。これは、宮城県や岩手県のメディアが、「津波」による被災というリアリティに注目し、報道を通じて記録を続けてきたということを意味する[3]。一方、『福島民報』など福島県内の地方紙では当然、「原発事故」の話題への注目が高いものの、その報道の仕方は全国紙や海外のものとは大きく異なることも見出されている[4]。総じて、全国メディアとSNSにおける関心は、結局は東京を中心とする都市の関心が反映され、被災現地の文脈は相対的に弱いものとなっていったといえる（田中ほか 2012；池田編 2015；Shineha & Tanaka 2017；Valaskivi et al. 2019）。

また自治体の被災状況がどれだけ報道されるかということ自体が、震災前の知名度、被災をめぐる「物語」の有無などに影響されることが指摘されているが、そのなかでも被害の大きかった自治体が必ずしも報道されないという「報道過疎地」（丹羽・藤田編 2013）の問題も指摘されている（高野ほか 2012；丹羽・藤田編 2013）。特にこの被災をめぐる「物語」の有無と報道のされやすさの影響関係は、報道において被災をめぐるステレオタイプの物語の形成・選択とも関わるものである。消費されやすい定型化された「物語」が流布され、それ以外の多くの被災をめぐるリアリティが捨象されてしまいかねないものである。

3　災禍をめぐる「語られないもの」と「語られるもの」の間

災禍をめぐる社会的論点を考えるためには、災禍をめぐる「語られたもの」に目を向けるのと同時に、「語られなかったもの」、そして「語られるかもしれないもの」があることを意識する必要がある[5]。

災禍をめぐり「語られたもの」――その「語り」も多くはさまざまな困難がともなうなかで発せられるものである――は、しかしながら時に定型化された物語として構築されていく。それは同時に、そのような物語を話せる人にとっての語りでもある。

一方で、災禍の経験のほとんどは語られることはない。そして当然のごとく、私たちはその多くの個別の経験に触れることができない。しかしながら、そこには言葉にならない経験と生きていく人々があり、家族があり、遺族がある。そして、そのような生が無数にある。このような「語り」のなかには、災禍の経験から、長い時間を経て、ようやく「語り」として表出してくるものがある。そしてこのような長い時間をかけて析出してくる「語り」に注目した実践も行われている。

そのような実践の一例として、宮城県仙台市にある「せんだいメディアテーク」で行われている「3がつ11にちをわすれないためにセンター（わすれン！）」の事例に触れておきたい。わすれン！では、二〇一一年三月十一日に発生した東日本大震災の後から、被災経験をした市民が自分や周囲についての記録を残し、発信すること、「現場における感覚を、ことばやイメージに変換し、同時代の人々に向けて現場から伝えていくこと」（佐藤ほか 2018：75）をサポートするプラットフォームとしてコミュニティ・アーカイブの活動を展開している。

わすれン！の参加者は多様であり、またそこにアーカイブされている記録はきわめて当事者性の高いものとなっている。たとえば、車で市街地から沿岸部への移動を車載カメラで一時間ほどそのまま撮影したものが無編集のまま蓄積・記録された例では、その記録は無編集であるがゆえに、日常の空間と被災し破壊された場所が連続的に続いていること、日常のなかに被災地が入り込む様相を、その時間的・地理的感覚とともに見る人にリアルに伝えるものになっている。また津波で破壊された見知った場所を歩いていくなかで目に入るものをすべて撮り続けたという記録例もある。被災地域で何かを撮影する、あるいは「語る」こと自体がある種の切り捨てを行うことと表裏一体になるものだが、この事例は、そのような切り取り、あるいは捨象そのものを良しとしなかった、記録をめぐる懊悩の営みがいかなるものとして表出されうるかを私たちに教えてくれるものである。

また二〇一九年からスタートした「わすれン！録音小屋[6]」の取り組みは、二人一組で小さな小屋状の空間に入り、話し合いながら震災にまつわる話や感情を録音して残していく試みである。かつては語ることのできなかったことが、東日本大震災から時間が経つなかで少しずつ語りとして浮かび上がってき始めたことに注目した試みである（☞第7章）。

4　調査災害――記述者の権力性を自覚すること

災禍をめぐる研究や記述を考えるためには、研究者をはじめとした記述者が持つ問題にも目を向ける必要がある。すなわち、そのような記述者が、いかなる関心のもとで、何を、どのように描くのかという問題である。それはとりもなおさず「何を書かないか」ということでもあり、記述者が持つ権力性にも目を向ける必要のある。

かつてガヤトリ・チャクラバティ・スピヴァクは、その主著『サバルタンは語ることができるか』において、サバルタンをめぐる抑圧される側が「語る」ことの不可能さと抑圧の構造を指摘した（スピヴァク 1998）。彼女の答えの一つは、サバルタンは語ることができないというものであったが、さらに近年では、記述者の政治的欺瞞、透明・中立ではありえないことについて喝破し、その権力性をも批判している（スピヴァク 2008：75）。

このスピヴァクの指摘は、記述という行為がある種の権力構造を持つものであることに気付けるならば、社会のなかで行われるあらゆる「記述」を行う研究者や専門家の権力性に省察を迫るものとして十分な受け止めが可能である。

また民俗学者の宮本常一は、調査という行為は一種の迷惑をはらむ行為であることを指摘し（宮本・安渓 2008）、調査者や研究者の振る舞いに警鐘を鳴らしている。「調査地被害」や「調査災害」などともいわれるが、調査者をただのデータとして扱うような行為、そしてそのなかで、研究者・記述者の視点に応じて切り取られた形で記録されていく調査の結果が「公式」の記録としての性格を帯びるということへの強い戒めといえる。

これらの議論は、いかに多くの現地そして個々の文脈の「語り」が捨象されているかという、記述者の権力性と暴力性と表裏一体であることを理解する必要がある。そして特に災禍をめぐる記述では、その対象となるのはまさしく被害のただ中にある人々である。少なくともこのような課題を意識したうえで、可能な限りの「語り」の可能性を広げるような視点が重要であることは論を俟たない。

併せて読んで！　第2章、第7章、第10章、第11章

注

（1）ここでのWHOならびに欧州委員会における政策動向の議論の概括は、標葉（2021）における記述とまとめをもとに、圧縮・編集したものである。

（2）WHOは関連するレポートをいくつか公表している。その概要や参照情報等については、標葉（2021）などを参照されたい。

（3）なお、東北三県におけるメディア報道やメディア利用状況などの包括的な分析としては、池田編（2015）を参照のこと。またこのテーマを考えるうえでは、災害情報学の分野が重要となるが、近年の書籍としては関谷（2021）が必読のものとなっている。併せて参照されたい。

（4）たとえば福島第一原子力発電所事故に関して、全国紙や『河北新報』が「広島」や「長崎」における原爆投下、海外紙が「チェルノブイリ」や「スリーマイル島」の過去の事故例などを引き合いに出す一方で、「福島民報」においてはそのような動きはみられない。

（5）ここで開示する論点についての詳細は、標葉編（2021）に所収された各論文を参照されたい。またこのテーマに関連して海外研究者らの視点を知る書としてはCleveland et al.（2021）などがある。

（6）わすれン！録音小屋　https://recorder311.smt.jp/information/58555/（最終アクセス日二〇二三年八月十八日）

参考文献

Cleveland, Kail, Scott G. Knowles, & Rryuma Shineha（eds.）（2021）*Legacies of Fukushima: 3.11 in Context*, University of Pennsylvania Press.

Shineha, Rryuma & Mikihito Tanaka（2017）"Deprivation of Media Attention by Fukushima Daiichi Nuclear Accident: Comparison between National and Local Newspaper," In Joonhong Ahn & Franck Guarnieri（eds.）, *Resilience: A New Paradigm of Nuclear Safety*, Springer, pp. 111-125.

Valaskivi, Katja, Anna Rantasila, Mikihito Tanaka, & Risto Kunelius（2019）*Traces of Fukushima Global Events, Networked Media and Circulating Emotions*, Palgrave macmilan.

Wisner, Ben, Piers Blaikie, Terry Cannon, & Ian Davis（2003）*At Risk: Natural Hazards, People's Vulnerability and Disasters*（*Second Edition*）, Routledge.

池田謙一編（2015）『震災から見える情報メディアとネットワーク』東洋経済新報社。

佐藤知久・甲斐賢治・北野央（2018）『コミュニティ・アーカイブをつくろう！――せんだいメディアテーク「3がつ11にちをわすれないためにセンター」奮闘記』晶文社。

標葉隆馬（2021）「新型コロナウィルス感染症（COVID-19）をめぐる倫理的・法的・社会的課題（ELSI）の視点」『研究　技術　計画』三六（二）、一四〇―一五四頁。

標葉隆馬編（2021）『災禍をめぐる「記憶」と「語り」』ナカニシヤ出版。

スピヴァク、G. C.（1998）『サバルタンは語ることができるか』みすず書房。

スピヴァク、G. C.（2008）『スピヴァクみずからを語る――家・サバルタン・知識人』岩波書店。

関谷直也（2021）『災害情報』東京大学出版会。

高野明彦・吉見俊哉・三浦伸也（2012）『311情報学――メディアは何をどう伝えたか』岩波書店。

田中幹人・標葉隆馬・丸山紀一朗（2012）『災害弱者と情報弱者――3・11後、何が見過ごされたのか』筑摩書房。

丹羽美之・藤田真文編（2013）『メディアが震えた――テレビ・ラジオと東日本大震災』東京大学出版会。

宮本常一・安渓遊（2008）『調査されるという迷惑――フィールドに出る前に読んでおく本』みずのわ出版。

（標葉隆馬）

おわりに

本書が生まれたきっかけは、ナカニシヤ出版の酒井敏行さんからの連絡であった。

以前、編者の一人である標葉隆馬は、先端科学技術をめぐるＥＬＳＩやＲＲＩに関する課題に興味を持つ人のために、『責任ある科学技術ガバナンス概論』（ナカニシヤ出版二〇二〇年）を上梓していた。しかしながら、『責任ある科学技術ガバナンス概論』は概論といいながら、そのレベル感は依然としてやや玄人好みがするきらいがあった。そのような指摘を現物を読んだ方、幾人からか実際にいただいたのだった。

たしかに書いている本人の感覚としても、あくまで専門書としての概論書であり、その意味ではあまり手加減はしていないことは間違いないのだが、その分読みづらいと感じる人が多くなってしまったのだと思う。そしてそのような、特に初学者にとっての読みにくさという限界を考えたときに、大学の一〜二年生レベルを主たる想定としたガイドブックが必要であると感じていた。

このような問題意識を漠然と抱えていたとき、酒井さんからそのままズバリの表現で「大学の一〜二年生」が手に取りやすい入門的なガイドブックを書いてはどうかという提案をいただいた。まさしく渡りに船ということで、本書の企画がスタートした。酒井さんからは、このように機会をいただき、そしてその後はスケジュールに遅れ気味な私（標葉）の編集・執筆作業を忍耐強く待っていただいただけでなく、出版に至るまでに多くのサポートをいただいた。重ねての感謝を申し上げたい。

しかしながら、実際に本を書いていくなかでは、さまざまな理論・テーマ・事例を取り扱う必要がある。そのような幅広い射程の書籍をスムーズに出版するためには、私一人の力では心もとない。そこで、同じ領域で活躍する見上公一さんにお声がけしたところ快諾をいただいた。見上さんの多大なる貢献なくして、本書は形にならなかっただろう。二人で打ち合わせを繰り返し、本書のなかで取り扱うべきテーマや事例などを絞り込んでいった。そして幅広いテーマを扱うからこそ、それぞれのテーマに関連する研究を行う若手研究者を積極的に巻き込んでいくことを考えた。各章の執筆をいただいた筆者の方々には、多忙のなかにもかかわらず本書への参加を快諾いただいただけでなく、またスムーズに執筆をいただいた。感謝の極みである。

本書が生まれたもう一つの契機は、科学技術振興機構・社会技術研究開発センター（JST-RISTEX）が実施している『科学技術のELSIへの包括的実践プログラム（RInCA）』プログラムである。編者の標葉隆馬は、RInCAプログラムのなかで、「萌芽的科学技術をめぐるRRIアセスメントの体系化と実装」プロジェクトを主催し、また同じく編者の見上公一は同じRInCAプログラムの「研究者の自治に基づく分子ロボット技術のRRI実践モデルの構築」（代表：小宮健）の研究分担者として、先端科学技術をめぐるELSIやRRIの課題の可視化と熟議をシームレスに行う研究を行ってきた。本書の企画は、このような研究と共同のなかで、やはりわかりやすいハンドブックの必要性を強く感じたことがやはり大きい。だからこそ、プロジェクトで共同する機会の折に触れて打合せを行い、また関連するプロジェクトに参加する若手の参加を積極的にリクルートしてきた。本書はこのようなプロジェクト連携の成果の一つでもある。ＲＩｎＣＡプロジェクトの関係者の方々には、この場をお借りしてお礼を申し上げたい。

本書では、「理論編」「テーマ編」「事例編」の三部構成をとりながら、現代の科学技術と社会の関係を考えるうえで重要な視点や事例に関する二十二の論考を通じて、関連するテーマの広がりのショーウィンドウ的なガイドブックを目指した。紙幅の関係もあり、各事例のテーマを語りつくすことは無論困難であったが、そこに登場するキーワードや文献から学習をスタートすることで、現代の科学技術社会論やＥＬＳＩ／ＲＲＩに関わる研究や議論にアプローチしやすくなるのではないかと思う。「はじめに」の内容の繰り返しにはなってしまうが、本書が、今後の科学技術社会論、あるいは先端科学技術に関わるＥＬＳＩやＲＲＩといった議論に関わる人にとっての学びに貢献できるものであれば、これ以上ない幸せである。

標葉隆馬

編者を代表して

執筆者紹介

〈編者〉

標葉隆馬（しねは　りゅうま）　はじめに、22章、おわりに
大阪大学社会技術共創研究センター・准教授
専門は科学社会学・科学技術政策論。科学技術の倫理的・法的・社会的課題（ＥＬＳＩ）の可視化、メディア分析、コミュニケーションデザイン、政策分析などを組み合わせながら、責任ある研究・イノベーション（ＲＲＩ）に関わるさまざまなプロジェクトを幅広く研究・実践中。

見上公一（みかみ　こういち）　5章、21章
慶應義塾大学理工学部外国語総合教育教室・准教授
専門は科学技術社会論。生命医科学を中心に、多様なステークホルダーが描く研究の未来像が実際の研究活動にどのようにつながっていくのかという問いを軸に研究を行うほか、科学と社会のより良い関係の実現を目指した科学技術ガバナンスにも取り組んでいる。

〈執筆者〉

河村　賢（かわむら　けん）　1章
大阪経済大学国際共創学部・講師
専門はエスノメソドロジー・科学論。科学的であれ常識的であれ、幅広く知識や規範が作り出され利用されているさまざまな社会的場面を分析する研究に取り組んでいる。

牧口奏江（まきぐち　かなえ）　2章
東京大学大学院総合文化研究科・博士課程
専門は技術者倫理。原子力発電技術を取り上げ、リスク・コミュニケーションを事例とした原子力技術者の役割責任に関する検討や技術士制度に原子力・放射線部門が新設された制度化過程の分析を行っている。

森下　翔（もりした　しょう）　3章
山梨県立大学地域人材養成センター・特任助教
専門は文化人類学・科学論。人類学的・民族誌的アプローチに基づく科学技術実践の研究を行っている。科学技術の倫理的・社会的・法的課題（ＥＬＳＩ）、および責任ある研究・イノベーション（ＲＲＩ）の研究にも取り組んでいる。

高江可奈子（たかえ　かなこ）　4章
早稲田大学社会科学総合学術院先端社会科学研究所・助手
専門は規範倫理学・応用倫理学。研究関心は科学技術の進展が倫理的議論に与える影響の分析と、それに伴う新たな倫理的議論の構築。現在は、動物倫理学で論じられてきた人間中心的な倫理体系の是非に関する議論の変容と限界を、生命操作技術の観点から検討している。

鶴田想人（つるた　そうと）　6章
大阪大学社会技術共創研究センター・特任研究員
専門は科学史・科学論。植物学の近代化に焦点を当てて、人間と自然の関係性が科学によっていかに作られ、変容させられてきたかを考察している。その際、知識のみならず無知の形成にも着目する「無知学」の観点を取り入れており、昨今はその研究・紹介にも努めている。

原　健一（はら　けんいち）　7章
金沢工業大学基礎教育部修学基礎教育課程・講師
専門は近現代フランス哲学。特にベルクソンの知覚論・記憶論について研究している。北海道大学科学技術コミュニケーション教育・研究部門ＣｏＳＴＥＰ（二〇二三年三月まで所属）では、哲学対話やサイエンスカフェなどによる科学コミュニケーションの実践にも携わってきた。

加納寛之（かのう　ひろゆき）　8章
科学技術振興機構 研究開発戦略センター・フェロー
専門は科学哲学・科学技術社会論。国立研究開発法人のシンクタンク部門にて科学技術・イノベーション政策や研究開発戦略に関わる調査、分析、提言活動に従事。

小林知恵（こばやし　ちえ）　9章
広島大学大学院人間社会科学研究科・特任助教
専門はメタ倫理学・応用倫理学。道徳・倫理領域の価値論や認識論の知見を援用しながら、科学技術の倫理的・社会的・法的課題（ＥＬＳＩ）と責任ある研究・イノベーション（ＲＲＩ）の研究および実践に取り組んでいる。

菅原裕輝（すがわら　ゆうき）　10章
大阪大学大学院人文学研究科・特任助教
専門は科学哲学・科学技術社会論。特にデジタル科学哲学やデジタル科学技術社会論と呼ばれる分野の研究に取り組んでいる。データサイエンスの手法を活用する量的な人文社会科学研究と、聞き取り等を行う質的な人文社会科学研究の両方に関心を持ち、両者の方法論的な融合を目指した研究を進めている。

西　千尋（にし　ちひろ）　11章
同志社大学学習支援・教育開発センター・助教
専門は科学技術社会論。修士課程までの専門は分子生物学の実験系。現在は分子生物学を軸に、倫理的・法的・社会的課題（ＥＬＳＩ）や、責任ある研究・イノベーション（ＲＲＩ）に関する科学教育の分析や、自然科学系研究者に向けたＲＲＩにまつわる科学コミュニケーションの実践をしている。

桜木真理子（さくらぎ　まりこ）　12章
札幌医科大学医療人育成センター・講師
専門は文化人類学、医療人類学、科学技術社会論。市民による草の根的な科学技術の改変、病気／健康の境界構築に関わる医療技術・薬剤に関する研究に取り組んでいる。

吉田真理子（よしだ　まりこ）　13章
広島大学大学院人間社会科学研究科・助教
専門は文化人類学、ブルーヒューマニティーズ、水産ドメスティケーション。海洋酸性化や海水温上昇、ウイルス感染症に適応するための選択育種など、水産養殖で見られる不確実性・不安定性が研究の関心。人間と非人間の諸関係が生成される過程を通じて、人新世における共生について検討している。

鹿野祐介（しかの　ゆうすけ）　14章
大阪大学ＣＯデザインセンター・特任助教
専門は哲学／概念工学。概念分析にもとづく哲学理論の研究に加えて、科学技術と社会をめぐる学際的協働における実践的活動や、科学技術の倫理的・社会的・法的課題（ＥＬＳＩ）、および、責任ある研究・イノベーション（ＲＲＩ）に関する実践研究と教育開発に取り組んでいる。

筒井晴香（つつい　はるか）　15章
実践女子大学人間社会学部社会デザイン学科・准教授
専門は哲学、応用倫理学、ジェンダー研究。分析哲学をバックグラウンドとしつつ、さまざまな先端科学技術の倫理的・法的・社会的課題（ＥＬＳＩ）に取り組み、近年は自動運転技術の倫理・ＥＬＳＩを研究。科学コミュニケーションの実践や、「推し」文化等のポピュラーカルチャーに関する批評・研究も行う。

長門裕介（ながと　ゆうすけ）16章
大阪大学社会技術共創研究センター・特任助教
専門は規範倫理学・社会哲学。幸福や人生の意味に関する価値論的研究とビジネス倫理に関する研究を並行して行っている。近年は特に新規技術の社会実装に伴うガバナンス体制の構築や規制手段について倫理学の立場から取り組んでいる。

清水雄也（しみず　ゆうや）17章
京都大学宇宙総合学研究ユニット・特定助教
専門は科学哲学・応用倫理学。主たる研究領域は因果の哲学と社会科学の哲学だが、近年は宇宙倫理学の教育と普及活動にも取り組んでいる。

古俣めぐみ（こまた　めぐみ）18章
岡山大学学術研究院ヘルスシステム総合科学学域・助教
専門は科学史・生命倫理。社会や国家が生きさせる者と死なせる者との間に行う線引きの実態解明に関心を持ち、その観点から医学における数量化・統計利用の歴史を研究している。また再生医療や脳死・臓器移植といった先端医療技術の倫理的・法的・社会的課題（ＥＬＳＩ）を歴史的観点から考察している。

武田浩平（たけだ　こうへい）19章
大阪大学ＣＯデザインセンター・特任助教
専門は行動生態学、動物行動学、科学技術コミュニケーション論。ツルの行動学をテーマに博士号を取得。現在は生物多様性の社会課題に関心を持ちながら、培養肉をはじめとした代替タンパク質のイメージ像を調査することで、バイオテクノロジーをめぐる科学技術コミュニケーションの課題などに取り組んでいる。

石田　柊（いしだ　しゅう）20章
広島大学大学院人間社会科学研究科・助教
専門は規範倫理学・応用倫理学。福利・差別・障害などを主テーマとしながら、関連する倫理的課題を研究している。また、脳科学やＡＩ研究など先端科学技術をとりまく倫理的・法的・社会的課題（ＥＬＳＩ）の理論的分析と発信にも取り組んでいる。

カ行

サ行

タ行

マ行

ヤ行

ラ行

事項索引

ア行

人名索引

入門 科学技術と社会

2024 年 5 月 10 日　初版第 1 刷発行

編　者　標葉隆馬・見上公一
発行者　中西　良
発行所　株式会社ナカニシヤ出版
〒 606-8161 京都市左京区一乗寺木ノ本町 15 番地
TEL 075-723-0111　FAX 075-723-0095
http://www.nakanishiya.co.jp/

装幀＝宗利淳一デザイン
印刷・製本＝亜細亜印刷

＊落丁・乱丁本はお取替え致します。
ISBN978-4-7795-1779-2　C1036

責任ある科学技術ガバナンス概論

標葉隆馬

科学技術政策の現状と課題、科学技術研究と社会のコミュニケーション、倫理的・法的・社会的課題（ELSI）と責任ある研究・イノベーション（RRI）など、「科学技術と社会」に関わるテーマを包括的に解説。　三二〇〇円＋税

災禍をめぐる「記憶」と「語り」

標葉隆馬　編

公的な記録からこぼれ落ちていく、災禍をめぐる経験や感情、思考。それらを社会にとどめ、記憶を継承していくにはどうすればいいのか。「語られること」と「語られないこと」のあいだで、「語られるかも知れないこと」を紡ぎ出す。　三六〇〇円＋税

アクターネットワーク理論入門
「モノ」であふれる世界の記述法

栗原亘　編

アクターネットワーク理論（ANT）とは何か？　なぜ注目されているのか？　ミッシェル・カロン、ジョン・ロー、そして、ブリュノ・ラトゥールたちは何をしようとしてきたのか？　その主要な成果と展開をテーマごとに紹介。　二六〇〇円＋税

労働法批判

アラン・シュピオ／宇城輝人　訳

法の地平に労働が姿を現すとき——広大な人間的営みのなかに「労働」をとらえなおし、労働法の理路と未来を明らかにするアラン・シュピオの主著。「労働」をその根底から、歴史的に、そして哲学的に考察する。　四四〇〇円＋税